ANDRÉ DUBOSCQ

LE PACIFIQUE

ET

LA RENCONTRE DES RACES

PARIS

ARTHÈME FAYARD ET Cie EDITEURS

18 ET 20, RUE DU SAINT-GOTHARD, 18 ET 20

LE PACIFIQUE

ET

LA RENCONTRE DES RACES

DU MÊME AUTEUR :

Syrie, Tripolitaine, Albanie (Alcan).
Budapest et les Hongrois, préface de René **Millet**, ambassadeur de France (Rivière).
La Hongrie d'hier et de demain. Epuisé.
L'Orient méditerranéen (Perrin).
L'Evolution de la Chine, récompensé par l'Académie des Sciences morales et politiques (Editions Bossard).
La Chine en face des Puissances, préface de M. Jacques **Ancel** (Delagrave).
Le Problème du Pacifique (Delagrave).

Louis Bonaparte en Hollande, d'après ses lettres, récompensé par l'Académie des Sciences morales et politiques. Epuisé.

La Victoire sans ailes, avant-propos de M. Gaston **Deschamps** (Figuière).
Sous le ciel de Pékin (Crès).

ANDRÉ DUBOSCQ

LE PACIFIQUE

ET

LA RENCONTRE DES RACES

PARIS

ARTHÈME FAYARD & Cᵗᵉ, ÉDITEURS

18-20, RUE DU SAINT-GOTHARD, 18-20

IL A ÉTÉ TIRÉ DE CET OUVRAGE :

Quinze exemplaires sur papier vélin pur fil
des Papeteries Lafuma
numérotés de 1 à 15.

« Que puis-je dans ce beau et terrible
mouvement? Une seule chose : le comprendre; je l'essayerai du moins. »

MICHELET (Préface de l'*Introduction
à l'Histoire universelle*).

AVANT-PROPOS

Ce petit livre a été écrit, comme ceux qui l'ont précédé : L'Evolution de la Chine, La Chine en face des Puissances, Le Problème du Pacifique, *avec le souci de saisir un des aspects les plus complexes des relations internationales de notre temps; mais, cette fois, l'auteur a voulu quitter le domaine exclusif de la synthèse politique pour celui de l'étude des causes. Il voudrait que sa tentative projetât une clarté neuve sur des événements assez connus déjà pour qu'il soit permis ici de penser en profondeur.*

N'eût-il qu'incité les esprits à vouloir connaître la genèse et à dégager la portée véritable de faits contemporains, qu'il s'en féliciterait comme d'une réussite.

S'il laissait, en outre, au lecteur l'impression d'avoir entrepris et de poursuivre une étude utile à ceux qui ont part à la sauvegarde et à l'orientation des intérêts nationaux, il s'estimerait grandement récompensé.

A. D.

CHAPITRE PREMIER

L'Ere du Pacifique

Lorsque le Doge, à bord du *Bucentaure*
tendu de pourpre et d'or, s'avançait jusqu'à
l'entrée de la lagune et jetait son anneau dans
les flots en prononçant ces paroles : « Nous
t'épousons, ô mer, en signe de véritable et
perpétuelle domination », il n'exprimait pas
seulement l'orgueil immense de la République, mais ce sentiment juste et profondément
ressenti par elle que sa puissance sur mer
était la suprême garantie de la conservation
de ses richesses et de la durée de sa prospérité.

Dominer la mer, se garder la mer libre, Ve-
nise avait su comprendre l'avantage incomparable de cette politique qui devait plus tard
peser sur le destin de peuples engagés dans la
plus grande guerre de tous les temps, puis, la
paix revenue, poser devant eux un problème
très grave. L'humanité s'est aperçue, depuis
la guerre de 1914, qu'elle avait besoin de la

mer autant que de la terre; toutes les nations sans exception ont compris que, sans une liberté complète de leurs mouvements sur mer, leur sécurité n'était pas assurée, qu'un maître de la mer était autant sinon plus à redouter que des voisins belliqueux, qu'en un mot la liberté des mers était la condition de celle des continents.

On ne s'étonnera donc pas que ce que l'on appelle le problème du Pacifique préoccupe actuellement beaucoup "de bons esprits. Ce problème, ou plus exactement ces problèmes, car il y en a de plusieurs ordres, intéressent le monde entier, mais l'Asie en premier lieu, parce que celle-ci apparaît pour la première fois, dans l'activité de la politique universelle, sur le même plan que les autres continents et qu'en fait c'est à cause d'elle que les problèmes se posent. Quiconque aura la maîtrise du Pacifique aura en principe, et sous réserve d'une évolution locale commencée, une situation exceptionnelle dans l'Asie riveraine.

Le goût des rapprochements historiques n'est pas nouveau. On s'est toujours plu à expliquer les événements contemporains par des événements antérieurs. Sans doute, des lois permanentes président aux destinées des peuples. Leur caractère propre, leur situation géographique déterminent ces lois. De cette manière l'Histoire est un perpétuel recommencement. Pourtant, dans la réalité des intérêts humains, les cas d'espèce comptent seuls, et il en faut chercher l'explication ou la genèse ailleurs que dans un vain rapprochement.

On a dit que l'Amérique prenait contact à l'ouest avec l'Asie comme, au quinzième siècle, elle avait pris contact à l'est avec l'Europe; ou encore que l'Asie entrait en relations avec l'Amérique et l'Europe comme, au quinzième siècle, l'Amérique avec l'Europe. Des remous, ajoute-t-on, se produisent maintenant comme il s'en produisit alors; c'est dans l'ordre : l'Histoire recommence.

Certes, un tel rapprochement n'est pas sans grandeur; malheureusement, non seulement il n'explique rien, mais il ne traduit pas même un semblant de réalité. Cela serait sans importance s'il ne fallait redouter les déductions et les fausses prévisions que cette rhétorique peut entraîner dans la pratique des affaires publiques.

Lorsque, au quinzième siècle, les Européens mirent pied sur le nouveau continent, celui-ci était peuplé de primitifs qui ne les avaient pas sollicités et ne savaient rien d'eux, pas même leur existence. Au contraire, dans l'opération qui s'ébauche sous nos yeux, les Asiatiques qui viennent en Amérique et en Europe sont aussi nombreux que les Américains et les Européens qu'ils reçoivent chez eux, et en outre ces Asiatiques savent où ils vont, connaissent théoriquement, avant d'y débarquer, l'Europe et l'Amérique, leurs sciences et leur civilisation. Alors que jadis l'Europe alla au-devant de l'Amérique, aujourd'hui l'Asie vient au-devant de nous avec son génie particulier et armée de notre savoir et de nos idées. Les remous ne peuvent être comparés à ceux qui ont pu se produire il y a cinq siècles, et l'on voit par conséquent ce que vaut le rapprochement dont nous parlons.

En réalité, les échanges intellectuels entre l'Asie et les autres continents, plus encore que le déplacement des individus dans les deux sens, posent des problèmes ethniques, sociaux, politiques, que la découverte de l'Amérique n'avait pas posés. Quand l'Espagne organisa ses conquêtes d'au-delà de l'Océan, elle n'eut qu'à leur imposer un régime qui lui réservait les profits sans souci des indigènes. Ceux-ci ne reçurent aucun droit. Quant aux colons, interdiction leur fut faite de rien vendre et rien acheter ailleurs qu'en Espagne. L'unique but des conquistadores était d'assurer à la métropole le monopole du commerce d'outre-mer; problème économique — si tant est qu'il y eut là un véritable problème — dont la solution ne nécessitait que des mesures de surveillance.

Il est loin d'en être de même dans la grande affaire de l'Asie qui commence. Ce n'est pas un simple problème économique qui a surgi, mais encore une fois toute une série de problèmes dont l'enchevêtrement et la complexité dépassent ce qu'il a été donné aux hommes de voir jusqu'ici. A la rigueur l'on peut admettre que tant que l'Asie n'évoluait pas et demeurait passive, elle ne posait, elle aussi, aux puissances avides, qu'un problème économique, d'ailleurs facile à résoudre par une entente entre elles, où chacune trouvait son compte. Mais, depuis que les Japonais, hier, les Chinois, aujourd'hui, adoptent notre civilisation matérielle, « s'européanisent » ou « s'américanisent » dans la mesure où ils y trouvent intérêt, le problème économique est commandé par le problème politique, chaque puissance devant chercher avant tout à nouer avec ces peuples des relations diplomatiques qui lui ménagent des possibilités d'affaires.

Ces efforts et leur réussite sont liés aux efforts moraux ou d'enseignement que fait chaque puissance pour inculquer aux Asiatiques, en même temps qu'un certain savoir, les principes sur lesquels elle vit, certaines idées qui lui sont propres, en un mot pour leur donner autant que possible une tournure d'esprit qui les attache à elle.

De sorte que toutes ces questions, qui se superposent et, comme on le voit, se tiennent, constituent un ensemble sans précédent. Et, ce qui rend véritablement angoissante la vision de tant de difficultés accumulées, c'est la fatale menace qui pèse sur elles, au cas où elles ne seraient pas résolues.

Nombreux sont ceux qui découvrent, non sans raison, une ironie tragique dans le nom que Magellan donna à l'Océan qu'il traversa sans essuyer de tempête, du sud du Nouveau Monde aux îles Mariannes et Philippines. Toutefois, il ne faut pas considérer « l'ère du Pacifique» — pour employer l'expression de Roosevelt — qui s'ouvre à notre époque après celles de la Méditerranée et de l'Atlantique, exclusivement sous l'angle d'un conflit possible. Il faut en étudier avec sérénité les aspects divers, autrement dit les questions qu'elle porte en elle mais dont, il est vrai, la solution semble être la condition de la paix du monde.

Or, si l'Asie est au premier rang de l'intérêt qu'offrira l'ère du Pacifique, l'Amérique la suit de près. Leur rencontre par-dessus les flots de l'Océan ne s'est pas faite sans heurts et il en est résulté un grand trouble de part et d'autre. Certains problèmes ethniques leur sont communs; d'autres, propres aux Etats-Unis ne sont cependant pas sans rapport avec le réveil asiatique. L'esprit voudrait percer l'avenir des relations nippo-américaines, avenir lourd d'inconnu, et le rôle futur des Russes, ces demi-Asiatiques... Aussitôt, les problèmes politiques se greffent dans la pensée aux problèmes ethniques, moraux, économiques, sous une forme inquiétante. Et, lorsqu'on en est arrivé à ce point, les autres riverains du Pacifique, les Sud-Américains, les Australiens, les Canadiens et les Européens eux-mêmes, par leurs possessions dans ces eaux mystérieuses, viennent s'ajouter comme autant de données nouvelles aux problèmes infiniment compliqués sur lesquels s'ouvre l'ère du Pacifique.

CHAPITRE II

L'ÉCLOSION D'UN PRINCIPE

Il peut paraître singulier qu'à une époque où le principe des nationalités tend, malgré sa fragilité, à guider les groupements politiques du monde, nous venions parler d'un autre principe même s'il n'exclut pas le premier, mais s'y juxtapose ou l'englobe et se traduit par une politique spéciale.

Pourtant, ce principe que nous appellerons le principe des races, perce déjà dans la politique de certains Etats d'une façon assez claire pour mériter, exiger même qu'on s'y arrête et qu'on y pense. Aussi bien ne s'agit-il nullement ici de spéculation académique, mais d'un effort de compréhension, première condition pour atteindre pratiquement le but auquel tout homme digne de ce nom doit tendre : le maintien de la paix dans le monde. Il n'est malheureusement que trop certain que la situation créée par les intérêts qui s'opposent entre peuples riverains de l'Océan Pacifique peut dégénérer en conflit armé. Tout ce qui peut écarter ou seulement retarder pareille éventualité : l'adoption ou l'étude d'un principe nouveau, une notion nouvelle répandue parmi les peuples, — tout cela doit être retenu.

Or, en dépit de la propagation du nationalisme, nous verrons qu'une idée nouvelle tend à s'affirmer de plus en plus dans de vastes régions devant les progrès matériels réalisés par les hommes de couleur, en l'espèce les jaunes (1).

Ces progrès sont à la fois la cause d'une pénétration réciproque des civilisations de l'Asie, de l'Europe et de l'Amérique et d'une crise inévitable entre elles. Tant que les groupements des peuples ont vécu isolés et que leurs civilisations sont restées distinctes, des crises partielles seulement étaient à craindre; dès l'instant où le développement des moyens de communication, la vulgarisation des sciences et des arts, l'adoption des mêmes doctrines philosophiques et sociales se généralisent, une crise plus étendue est à redouter. Un sort fatal veut que plus les hommes se mêlent, moins ils s'entendent et se supportent.

L'éloignement et l'ignorance, écrit Ferrero, enve-

(1) Nous savons qu'il ne manque pas de différences entre les peuples jaunes, mais nous prenons ici le terme de Jaunes dans son sens le plus général en opposition avec celui de Blancs.

loppaient les différents groupes humains comme des zones d'indifférence imperméables à la haine et à l'amour. Il n'en fut plus ainsi quand les branches dispersées de la famille humaine pénétrèrent les unes dans les autres. Elles s'aperçurent alors qu'elles étaient différentes, et ces différences les attirèrent mutuellement en même temps qu'elles leur inspirèrent une répugnance réciproque (1).

Le prestige de la civilisation qui inventa l'ensemble de connaissances dont nous venons de parler, qui fut seule pendant un temps à le posséder et à en user, s'émousse à mesure que d'autres civilisations s'y adaptent; toute tutelle de l'une sur les autres, tout privilège deviennent insupportables. Or cette civilisation est celle des blancs : Européens et Américains. Aux yeux des jaunes, les caractéristiques européennes et américaines n'existent pas; un seul et même type, le type blanc, ressort, et c'est contre lui, en tant que représentant d'une même civilisation, que les jaunes se comptent.

Nous ne ferons pas le procès des méthodes d'enseignement ou d'importation des idées et des inventions des blancs chez les jaunes; nous ne dresserons pas de réquisitoire contre ce que l'on appelle, non sans dépit quelquefois, l'émancipation des peuples asiatiques. Le re-

(1) Guglielmo FERRERO : *L'Unité du monde*, p. 9 (Kra, édit.).

gret ou l'indignation même que d'aucuns manifestent à propos de l'instruction libéralement donnée à ceux-ci, nous a toujours paru pour le moins quelque chose d'extrêmement facile et par conséquent de peu de valeur. Sans doute, un choix judicieux des méthodes à employer serait à recommander, mais, au bout du compte, le résultat, un jour ou l'autre, doit être le même, quel que soit le choix auquel on s'arrête. Si l'on admet que la pénétration des civilisations est devenue dorénavant inévitable et qu'elle a commencé, il faut admettre en même temps que les heurts le sont également et se placer, comme nous le faisons ici, devant la réalité nouvelle, décidé à l'étudier sans vaines récriminations. N'est-il pas plus humain au sens le plus large et aussi le plus noble du mot, d'accepter les conséquences quelques qu'elles puissent être d'une instruction que l'on croit utile aux hommes, que d'en calculer le pour et le contre, en vue d'intérêts égoïstes et immédiats. C'est dans le recul du temps que les nations comme les individus se jugent à leur juste valeur; et des premières comme des seconds, les actes généreux brillent d'un pur éclat dans la mémoire des hommes.

*
**

Pour comprendre l'éclosion du principe qui

tend à commander la politique future du Pacifique, il faut essayer de déterminer les caractères de la crise qui s'est ouverte entre les civilisations en présence.

La puissance de diffusion de la civilisation européenne demeura longtemps sans conteste prépondérante; cette civilisation qui accompagnait l'hégémonie de l'Europe se répandait de peuple à peuple sans rencontrer de concurrence. Mais, tout à coup, une civilisation américaine, pauvre en spiritualité, mais riche en productions mécaniques, montra une faculté de diffusion peut-être supérieure et en tout cas au moins égale à la première. Civilisation des masses, alors que l'autre était surtout celle des élites, elle attirait les masses de tous les pays. D'autre part, la civilisation néo-asiatique du Japon, faite d'un compromis de traditions ancestrales et des civilisations d'Europe et d'Amérique, montra elle aussi, principalement en Asie, une grande force d'expansion.

Des influences diverses et réciproques s'en suivaient; mais rien n'est moins aisé que la pénétration harmonieuse des civilisations.

Au début du xx° siècle, une crise s'ouvrit dans le Pacifique qui portait sur la civilisation matérielle et sur la civilisation morale.

Nous commencerons par la civilisation matérielle.

La crise qu'elle traversait, résultait d'abord

de la répartition inégale des hommes entre les pays intéressés : trop de monde au Japon, insuffisamment en Amérique et en Australie, du moins pour l'exploitation de tout le territoire. Un mouvement d'émigration commence alors à se dessiner du Japon vers les Etats-Unis qui, dès 1898, manifestent une certaine méfiance. Après la victoire du Japon sur la Russie, cette méfiance s'accentue et des mesures rigoureuses sont prises par les Etats de l'Ouest pour atténuer le mouvement en le décourageant. Ces mesures se succèdent de plus en plus restrictives, puis vexatoires, pour aboutir en peu d'années à l'*Immigration Act* de 1924 qui refuse pratiquement aux Japonais le droit à la résidence aux Etats-Unis, en le refusant à tout étranger incapable d'avoir accès à la naturalisation, comme par exemple les Asiatiques.

Toutefois l'émigration japonaise ne créait pas seule la crise de la civilisation matérielle dans le bassin du Pacifique. Des Chinois, des Indiens, qui étaient passés autrefois dans les deux Amériques, y suscitaient de plus en plus de conflits agricoles et ouvriers, les premiers plus nombreux et plus graves que les seconds, la population rurale dépassant de beaucoup la population urbaine. (Les noirs importés jadis comme esclaves constituent un problème à part dont nous parlerons plus loin.) Ces conflits provenaient de l'inégale distribution de la richesse entre les Etats qui recevaient les émigrés. Pareille inégalité — autre cause de la crise que nous étudions — entraînait des différences de prix et de salaires d'un Etat à l'autre. Dans chaque Etat les ouvriers réclamaient la protection du travail national et cherchaient à faire restreindre l'immigration par des lois. Faut-il tant s'étonner qu'en présence de ce qui se passait dans l'Amérique centrale et l'Amérique du Sud, les Etats-Unis, les derniers éprouvés, en soient arrivés aux mesures antijaponaises de 1924?

Quoi qu'il en soit, du fait de l'immigration facilitée par la multiplicité des moyens de communication, du fait également de l'usage de plus en plus répandu des machines, de la disparition des anciens métiers et de la création d'industries nouvelles, des civilisations séparées par les océans s'étaient brusquement rapprochées, ce qui avait précipité leurs progrès, mais fait d'elles en même temps des concurrentes sur le terrain de l'économie et du bien-être.

Une fois née, une fois éprouvée et récompensée par ses applications matérielles, notre science, écrit M. Paul Valéry, devenue moyen de puissance, moyen de domination concrète, excitant de la richesse, appareil d'exploitation du capital planétaire, — cesse d'être une « fin en soi » et une activité artistique.

Le savoir, qui était une valeur de consommation, devient une valeur d'échange. L'utilité du savoir fait du savoir une denrée, qui est désirable non plus par quelques amateurs très distingués, mais par Tout le Monde... Résultat : l'inégalité qui existait entre les régions du monde au point de vue des arts mécaniques, des sciences appliquées, des moyens scientifiques de la guerre ou de la paix, — inégalité sur laquelle se fondait la prédominance européenne, — tend à disparaître graduellement (1).

De l'émulation ou, plus exactement, de l'animosité créée par la concurrence des civilisations, à l'hostilité née du préjugé de race, il n'y avait pas loin; des hommes de civilisations différentes, qui recherchaient les mêmes avantages matériels, un confort égal, se dressaient vite les uns contre les autres comme représentants de deux races : celle de couleur faisant effort pour atteindre au bien-être de la blanche; celle-ci l'en empêchant en restreignant ses possibilités d'infiltration et de permanence.

Dans le domaine moral, l'opposition était pire encore et la crise y atteignait toute son acuité. Les civilisations en présence s'opposaient dans leurs principes mêmes autant que dans les conditions de leur développement.

(1) Paul VALÉRY : *Variété* « La Crise de l'esprit », p. 21 (Editions de la *N.R.F.*).

De même que les progrès matériels tendent à se propager uniformément par le monde, une sorte de civilisation universelle se forme avec des institutions internationales comme les postes, le système métrique, la protection de la propriété industrielle, la répression de la traite, la Cour d'arbitrage de La Haye, etc. L'étude des langues vivantes se répand dans tous les pays. Les mêmes mouvements philosophiques se produisent en Europe et en Amérique, se font sentir jusqu'en Extrême-Orient. Cependant les principes fondamentaux des civilisations intéressées dans le Pacifique s'opposaient à ce point les uns aux autres, que la poursuite d'un même but : le relèvement de la condition morale des masses dans une sorte d'unification morale, aggravait la crise au lieu de l'atténuer, chaque pays tenant pour la plus humaine, la civilisation dont les principes pour lui étaient le plus favorables, sans tenir compte des conditions du voisin. Au reste, certaines institutions conviennent mieux à certains stades de civilisation qu'à d'autres, parce qu'elles traduisent les besoins d'un peuple à une époque déterminée. Il est toujours risqué pour un peuple d'adopter sans transition les institutions ou les idées d'un autre peuple plus avancé que lui. Le moins qu'il puisse lui en coûter est un déséquilibre intérieur plus ou moins profond et plus ou moins long.

Bref, plus les rapports s'établissaient entre Américains et Asiatiques, plus les premiers prenaient ombrage des aspirations des seconds, considérés comme de race inférieure.

Pourtant la crise des civilisations était moins le résultat de leur inaptitude à s'influencer, à se concilier, que justement le résultat d'un contact trop rapide. La diffusion d'une culture supérieure exerce à la longue sur les masses une action salutaire, éclaire les esprits comme les progrès matériels développent la richesse générale et répandent le bien-être dans les classes déshéritées. Mais l'individualisme s'imposait tout à coup à des sociétés communautaires, patriarcales; la démocratie à des peuples qui n'avaient jamais connu que l'impérialisme et le pouvoir absolu; la science exacte à la routine et aux superstitions séculaires.

Au lieu de ces brusques changements que ne suivait pas, que ne pouvait pas suivre une aussi prompte adaptation, c'est lentement, méthodiquement, que, de toute évidence, les vieilles traditions auraient dû être modifiées, si l'on eût voulu éviter la crise. On ne sut pas s'en garer. A vrai dire, le pouvait-on?...

Toujours est-il que la crise de la civilisation matérielle et de la civilisation morale est ouverte dans le Pacifique, qui semble, à certains, devoir fatalement dégénérer en crise politique par le processus que nous allons indiquer.

**

Les événements politiques ne sont pas toujours le simple résultat des circonstances, de la rivalité ou de l'entente des gouvernements, ils peuvent être la conséquence de l'évolution même de la civilisation.

La guerre du Japon contre la Chine et sa victoire, à la fin du siècle dernier, furent la conséquence de l'évolution de sa civilisation matérielle dans le sens européen; sa victoire sur la Russie n'est pas autre chose. Les révolutions de la Perse, de la Turquie, de la Chine, les mouvements nationalistes de l'Inde et de l'Egypte sont également le résultat de l'évolution de la civilisation matérielle et morale de ces pays. On peut dire que la guerre mondiale elle-même compte parmi ses causes l'évolution de certains peuples exotiques, qui arrête l'expansion des Etats européens et ruine en même temps leurs ambitions. L'Histoire, si l'on y pense, n'est que l'aspect politique de la crise des civilisations.

Or cette crise a posé dans le Pacifique un problème redoutable.

Au contact de plus en plus fréquent des peuples européens, les masses asiatiques ne veulent plus des conditions misérables dans lesquelles elles vivent et qui les exposent à des fléaux que l'Europe ne connaît plus. Avides soudain de jouir du bien-être matériel qu'elles voient chez nous et dont nous sommes du reste les propagateurs et les courtiers, elles inclinent également à adopter nos doctrines, du moins dans la mesure où cela sert leur cause, à les utiliser à leur avantage, fût-ce contre nous. Mais alors qu'il faudrait un siècle peut-être pour l'évolution normale et sans à-coups de ces masses, c'est sans délai que leurs exigences demandent à être satisfaites. On comprend que dans ces conditions, les troubles politiques, l'anarchie deviennent inévitables.

Le problème se pose donc pour les puissances intéressées à combattre un tel état de choses, de savoir avant tout quels moyens employer. Et à ce problème déjà si grave s'ajoute une menace non moins inquiétante : celle de voir surgir, sous l'aiguillon de ce besoin de plus en plus généralisé d'amélioration matérielle et d'émancipation totale, — besoin particulariste qui trouve son expression politique dans l'application du principe des nationalités, — non seulement des oppositions, des heurts entre Asiatiques, Européens et Américains, mais une véritable hostilité entre les races.

C'est ainsi qu'apparaît un autre principe que nous avons appelé en commençant : le principe des races. Nous l'aurons vu naître de la crise des civilisations qui fleurissent au bord du Pacifique, plus exactement de l'évolution de ces civilisations. Comme le principe des nationalités qu'il n'exclut d'ailleurs pas, il se traduit dans la pratique par une politique appropriée; mais alors que celui-ci aboutit à une sorte de concentration, de repliement de la nation sur elle-même et à des revendications farouchement particularistes, celui-là tend à une expansion limitée seulement par l'intérêt commun des peuples associés. Autrement dit, le principe des nationalités correspond à l'égoïsme national dont les hommes d'Etat ne sauraient s'affranchir sans trahir leur mandat et qu'ils doivent par conséquent défendre en toutes occasions; tandis que le principe des races correspondrait à la conscience de plus en plus éveillée des masses à l'endroit de leurs intérêts communs, abstraction faite des frontières d'Etats.

On voit alors les Asiatiques tenir des conférences et songer à se grouper, des puissances blanches agir sinon d'une même manière, du moins dans un même esprit à leur égard : l'une interdit aux jaunes l'entrée de son territoire, telle autre renonce à lier ses destins aux leurs ou se refuse à entamer avec eux des pourparlers économiques, de peur d'être entraînée sur le terrain politique. Mais ces rapprochements ethniques en engendrent de politiques, et même suscitent une politique dangereuse d'où peut effectivement sortir un conflit de races.

CHAPITRE III

UN PROBLÈME ETHNIQUE

Nous savons que scientifiquement parlant, le terme de race ne doit être pris qu'au sens physique. Toutefois la terminologie anthropologique n'en a pas assez nettement fixé l'usage, pour que nous nous l'interdisions dans un sens moins absolu. La réalité nous montre des similitudes d'ordres divers chez des individus, des concordances, une inexplicable analogie entre eux qui nous frappent et décèlent à notre esprit et à nos sens une espèce d'hommes dont nous ne faisons pas partie, une autre « race » que la nôtre.

La concurrence entre les races n'est pas chose nouvelle en Amérique. Elle devint farouche aux Etats-Unis où tant de nationalités d'importation se mêlaient, lors de la crise que provoqua dans le monde entier la Révolution française. Après des querelles qui ne durèrent pas moins de onze années (1789-1800), la suprématie sociale et financière ainsi que l'autorité politique restèrent aux Anglo-Saxons.

Jusqu'à la guerre de Sécession (1860), l'afflux des immigrés n'amena point de difficultés, tant il y avait d'espace dans l'Union qui s'étendait vers l'Ouest sans que les Anglo-Saxons perdissent leur hégémonie. Les noirs eux-mêmes, à cause de l'esclavage dans lequel ils étaient tenus, ne troublaient pas la paix entre les races.

Mais quand, la guerre de Sécession ayant accentué et précisé le sentiment patriotique, la race dominante chercha à faire l'unité de la nation à son profit, elle se trouva sinon débordée, du moins tenue en échec par l'immigration soudainement accrue des masses d'origine méditerranéenne. Alors entre celles-ci et le groupe des « nordiques », un conflit aigu éclata qui dure encore et affecte dans le Pacifique des formes imprévues à son début.

La guerre de 1914 qu'on aurait cru devoir amener une réconciliation nationale a, au contraire, au bout de peu de temps, révélé toute l'étendue du problème ethnique. D'abord de 1914 à 1917 se déroula une lutte âpre entre les éléments d'origine purement germanique et les Anglo-Saxons. Puis les noirs qui avaient été enrôlés en 1917-18 comme les blancs et qui en avaient conçu un grand orgueil, ayant voulu, à leur retour, conserver dans les rues de New-York la liberté d'allure dont ils avaient joui en Europe, la réaction contre eux ne se fit pas attendre. Elle fut brutale (1).

Dans les Etats du Sud, l'hostilité des blancs contre les noirs s'est toujours expliquée par une crainte insurmontable. Il faut lire sur ce point cette page saisissante du livre de M. André Siegfried : *Les Etats-Unis d'aujourd'hui* (p. 93) (Armand Colin) :

Toute discussion relative aux nègres révèle une sorte de hantise sexuelle, pénétrant, implacable, jusqu'aux moindres replis de la pensée et de la sensibilité. C'est une terreur vague, demi-physique, de la population de couleur environnante, surtout dans les villages où elle est le nombre et donne l'impression de vous submerger; c'est la peur hallucinante d'une hérédité barbare, bestiale, qui se manifesterait tout à coup par une tentative de viol : si l'on sort le soir, laissant une femme seule à la maison, jamais on ne se sent tout à fait rassuré. A la longue, cela devient une idée fixe qu'on ne raisonne plus, une sorte d'hystérie, de fureur, qui peut conduire aux pires horreurs. On comprend que, si un viol vient alors à se produire effectivement, si même il n'en existe que le simple soupçon, la répression sort du domaine de la légalité pour entrer dans celui de la vengeance passionnelle. Il faut un exemple, à tout prix, tout de suite, et la foule qui s'est ameutée ne retrouve de détente que quand le sang a coulé, par-

____

(1) Voir un remarquable article du *Correspondant* du 10 mai 1926 sur « Le problème de la race aux Etats-Unis », sous la signature de M. Bernard Faÿ.

fois avec d'affreux raffinements de cruauté. Les meilleurs éléments sont là parfois, des gens de bonne société, des fonctionnaires, des juges même : ils approuvent, ils ne s'en cachent pas, ils me l'ont dit! Voilà pourquoi, dans l'atmosphère de ce pays de romance, flotte je ne sais quoi d'inquiétant, de trouble, de barbare. Ces gens cordiaux, ces gentilshommes aux manières parfaites qui vous parlent, ce sont peut-être des assassins : la nuit, dans les bois, ils se sont mis à cent pour tuer un homme; et des milliers d'autres que vous pouvez connaître, que vous avez sans doute rencontrés, ont été leurs complices! Le Texas, la Géorgie, la Caroline du Sud, ce sont des Etats du xx* siècle, extérieurement civilisés. Ils s'apparentent pourtant aux pays de pogroms.

Le Sud prétend depuis longtemps défendre la race blanche et empêcher les Etats-Unis de devenir « un second Brésil ». L'interdiction du mariage entre les deux races y est rigoureuse, la loi prohibe cette *misgeneration* et il suffit d'un arrière-grand parent noir pour qu'elle s'applique. Mais depuis la guerre, les noirs qui ont combattu en Europe quittent les campagnes du Sud où l'on a voulu les ramener au rang de parias et continuer à les cantonner dans les besognes pénibles. Ils fuient vers le Nord des Etats-Unis et le plus grave inconvénient de cet exode a été de créer un sentiment hostile à la race noire dans des contrées où jusqu'alors il ne régnait pas. Des émeutes sanglantes eurent lieu en 1919, 1920,

1921 à Washington, East-Saint-Louis, Chicago, Omaha.

Il faut aussi remarquer que, dès 1915, se produisit aux Etats-Unis, un événement économique qui provoqua déjà un mouvement de migration chez les noirs. Cette année-là commencèrent à arriver aux usines de la Nouvelle Angleterre, de la Pennsylvanie et du Middle-West des commandes anglaises et françaises. La main-d'œuvre ne pouvait venir d'Europe et l'on accepta celle des provinces agricoles des Etats du Sud peuplés de noirs. Bref de 45.000 avant la guerre, le nombre des nègres à Chicago est passé aujourd'hui à 110.000, à New-York de 91.000 à 200.000. Ils comptent dans cette dernière ville, depuis 1927, deux fonctionnaires municipaux.

Pour enrayer l'émigration, les planteurs blancs du Sud augmentèrent les salaires de leurs ouvriers nègres. Mais ceux qui étaient partis ne revinrent pas; employés dans le Nord, ils y restèrent et cependant ils y sont jalousés par l'ouvrier blanc de New-York, Chicago, Cleveland, Détroit, qui craint qu'ils ne fassent baisser les salaires.

On peut donc dire que la question noire, qui jusqu'à la guerre ne passionnait que le Sud, est devenue un problème national. Il ne peut guère, il est vrai, en résulter de catastrophe à proprement parler, vu d'abord le nombre

relativement faible de nègres aux Etats-Unis
(environ 11 millions sur près de 120 millions
d'habitants), et ensuite par ce que leur orga-
nisation est toute récente, mais ce n'en est pas
moins une cause de graves préoccupations.

Cependant, un autre problème racial se
pose en Amérique, problème d'une envergure
morale singulièrement plus grande que celui
que nous venons d'esquisser. La question
noire en effet ne sort pas du domaine américain; il n'en est pas de même de la question
jaune simplement californienne à son origine,
mais internationale dans ses répercussions.

Lorsqu'en 1898 les Etats-Unis occupèrent les
Philippines, ils marquèrent le point de départ d'une politique du Pacifique qui ouvrait
elle-même une ère nouvelle dans l'Histoire du
monde.

Leur installation dans le voisinage de l'Asie
créait chez certaines puissances habituées
jusque-là à les considérer comme essentiellement orientés vers l'Atlantique, un sentiment
très vif d'inquiétude et d'animosité. Ces puissances étaient d'une part les puissances européennes qui commerçaient avec la Chine, et
dont les appétits n'étaient pas rassasiés ; et
d'autre part le Japon qui se préparait métho-

diquement à jouer en Extrême-Orient et en Chine d'abord, un rôle digne de ses capacités, secondées puissamment ici par des affinités de race.

Fier d'avoir su unir et développer chez lui la vieille civilisation chinoise dont il avait hérité et la civilisation moderne de l'Occident, le Japon entendait prendre un jour relativement prochain la direction de la renaissance asiatique. La déception causée à Tokio par la présence des Américains, ces intrus, dans les eaux de l'Asie, exaspérait ce sentiment impérialiste naissant.

C'est alors que commença l'invasion du continent américain. Elle sembla se faire systématiquement, obéir à un mot d'ordre. En 1890, il n'y avait que 2.000 Japonais aux Etats-Unis; en 1900, ils étaient 24.000. Ils sont aujourd'hui 140.000.

Le Japonais aux Etats-Unis reste intangible. Alors que le Chinois s'assimile beaucoup plus qu'on ne le dit, lui, n'adopte pas les mœurs ambiantes, n'adapte pas ses salaires au niveau général; mais il élimine l'ouvrier agricole de race blanche (les Japonais sont aux deux tiers des cultivateurs) par des demandes de bas salaires qu'il élève pourtant peu à peu, réduit par la grève son employeur à l'impuissance et finalement loue ou achète sa ferme. Alors apparaissent parents et amis de sa race qui travaillent des quatorze, seize et même dix-huit heures par jour. La concurrence économique aboutit en somme à une substitution ethnique.

Aussi, dès 1904 la Californie s'est-elle inquiétée. D'année en année son agitation augmenta et provoqua de 1906 à 1924 des mesures de protection successives qui finirent, comme on sait, par l'interdiction de l'immigration asiatique, Japon compris, par exclusion totale des races non admises à la naturalisation.

Certes, il y a pour les Japonais une cuisante blessure d'amour-propre à se voir englobés dans une commune interdiction avec les autres peuples de l'Asie, mais quiconque se penche sur ces questions d'Extrême-Orient reconnaît aisément que par-dessus l'orgueil des uns, l'égoïsme ou la peur des autres, le problème des races est irrévocablement posé et qu'il s'agit là avant tout autre chose d'un déséquilibre ethnique.

L'appel des races jaunes est fatal vers les terres riches et vides comme la Californie. Se ferment-elles on a encore l'impression qu'elles demeurent au-dessous du niveau de la mer humaine qui menaçait de les submerger. Ainsi s'ouvre une question du Pacifique, chapitre du péril jaune, dans laquelle le front américain est immédiatement menacé (1).

(1) André SIEGFRIED, *op. cit.*, p. 333.

***

Les nécessités de la politique intérieure et le désir de constituer une nation cohérente, imprégnée d'une civilisation anglo-saxonne, risquent d'entraîner le gouvernement américain à prendre des mesures qui deviennent un jour des sources de difficultés pour lui et d'autres gouvernements.

Les lois d'immigration n'ont en effet de réelle valeur qu'autant que ceux qui les édictent sont en état d'en tirer tout le parti possible. Or, que voyons-nous en particulier chez les Japonais qui en pâtissent? Une politique de repliement, de prudence avec les puissances, en même temps qu'une politique pro-chinoise.

En dépit des frictions, des incidents parfois très graves qui ont eu lieu entre Chinois et Japonais au cours des dernières années et encore récemment, de plus en plus nombreux sont les hommes politiques japonais qui préconisent une politique de rapprochement avec la Chine. La politique impérialiste et même agressive pratiquée à l'égard de celle-ci au temps du cabinet Okuma est hautement désavouée par le pays. « La politique du Japon à l'égard de la Chine, dit une brochure officielle adressée l'an dernier aux fonctionnaires japonais, doit être fondée sur le principe de l'assistance mutuelle et de la coopération, en vue

du développement économique de l'Orient ».
Le but économique donné à la collaboration
nippo-chinoise est à retenir (1).

Les Annales de la Chine relatent que le
chef des Tsin, tribu jadis considérée comme
barbare par les Chinois, devint le plus important des sept princes qui se partageaient l'Empire. Les Tsin voulurent alors absorber les
autres tribus et, grâce à leur discipline, ils y
réussirent en 221 avant Jésus-Christ. Leur
chef prit le titre de premier souverain-empe-
reur et la dynastie des Tsin se trouva ainsi
fondée; mais il lui fallut, toute sa vie, veiller
à l'unité de l'immense empire et contenir les
barbares aux frontières. Trois ans après sa
mort, sous le règne de son fils, la dynastie
croula.

Si l'on veut par une fiction se représenter le
Japon d'aujourd'hui comme une tribu disci-
plinée parmi les jaunes, ne peut-on pas admettre qu'il parvienne, grâce à ses habitudes
de discipline et de méthode à répandre son
influence sur un territoire où règne l'anarchie
en y installant ses comptoirs? Il semble en
tout cas que cela soit plus aisé que de rame-

____

(1) Malgré la manière forte employée en mai 1928 par
le gouvernement du général Tanaka pour tenir les belli-
gérants chinois loin des résidants japonais de la pro-
vince de Chantoung, ce n'est pas un sentiment impérialiste qui a dicté au Japon l'attitude qu'il a prise.

ner sans cesse des dissidents et de tenir à distance des envahisseurs. De fait, le Japon a plus profité dans l'ensemble du boycottage des produits anglais en Chine, au cours de ces dernières années, qu'il n'a souffert du boycottage de ses propres produits; ses statistiques d'exportation le prouvent (1).

Pour le Japon, un moyen pacifique de résoudre le problème de sa surpopulation est d'augmenter sa richesse en développant son industrie.

Il pourra de la sorte acheter au dehors de quoi nourrir sa population. Mais pour développer son industrie, il lui faut des matières premières et des débouchés. Ses idées de domination politique en Mandchourie se sont dès lors muées en visées économiques. La Mandchourie est devenue dans son programme une base industrielle pour la conquête du marché chinois.

Notons aussi que ce n'est plus contre la Chine que s'exerce la verve agressive du comte Okuma. On lit à présent sous sa plume: « La tyrannie des Anglo-Saxons à la Conférence de la Paix (1919) a rempli de colère les dieux et les hommes ». Il a créé une Associa-

_____

(1) L'excédent des exportations du Japon en Chine sur les importations de la Chine au Japon s'élève, pour les neuf premiers mois de 1928, à 122.130.000 *yen*, soit 10 millions de plus qu'en 1927.

tion indojaponaise. « Tous les hommes sont nés égaux, stipule l'article premier des statuts. Les Asiatiques ont les mêmes droits que les Européens à être appelés des hommes. Il est donc tout à fait déraisonnable que les Européens s'arrogent le droit de dominer les Asiatiques. »

Enfin des conférences panasiatiques où les Japonais se sont montrés les plus nombreux et les plus ardents se sont tenues à Nagasaki en 1926 et à Sanghaï en 1927. Ces conférences n'ont certes pas eu l'ampleur qu'avaient souhaitée leurs organisateurs; malgré tout, elles montrent une fois de plus l'intention des intellectuels asiatiques, japonais, chinois, hindous, coréens, philippins, etc., de s'unir en face de l'Europe et de l'Amérique. Si elles ont fait ressortir nombre d'obstacles à la permanence d'une Ligue panasiatique, le fait seul qu'elles ont eu lieu, même dans des conditions précaires, a une valeur ou une signification. « Tout mouvement qui a son siège dans ces contrées de l'Asie aux ressources infinies et aux populations ardentes, écrivait à ce propos l'*Osaka Mainichi,* pour humble et insignifiant qu'il soit à ses débuts, ne doit pas être ignoré de propos délibéré (1).

---

(1) Une troisième conférence panasiatique devait avoir lieu en 1928 à Kaboul. L'état politique de l'Afghanistan l'empêcha de se réunir.

Aussi bien « la mer humaine » dont il était question tout à l'heure et qui menace de submerger les terres vides comme la Californie, submerge déjà les archipels du Pacifique. Si les lois d'immigration en préservent encore les continents américain et australien, elles n'en défendent pas les populations indigènes des îles du Grand Océan. Aux Hawaï même où les Etats-Unis entendent s'assurer une grande base navale depuis qu'ils se sont interdit de fortifier les Philippines, l'immigration asiatique, japonaise principalement, a fait des progrès tels au cours des vingt dernières années, qu'elle y constitue la majorité de la population; on y compte 267.000 japonais (1).

La contre-partie des tendances et des faits que nous venons de rappeler a été l'ébauche d'une politique anglo-saxonne du Pacifique qui, lors de la Conférence de Washington, a grandement surpris certains gouvernements d'Europe. La défense de la race blanche est apparue aux délégués américains et britanniques plus importante que tout le reste, plus importante même, aux yeux des seconds, que

---

(1) Lors d'un voyage aux Hawaï dans l'été de 1927, le secrétaire adjoint de la marine américaine, M. Edward Warner disait de cet archipel : « C'est notre avant-poste de l'Ouest, c'est notre première ligne de défense. Il faut que rien ne détourne notre marine de s'y fixer solidement ».

l'équilibre créé par leur alliance avec les Nippons. Le point de vue ethnique l'emporta sur le point de vue politique lorsqu'il s'agit « de protéger cette chose essentielle qu'est une manière de vivre, un niveau matériel d'existence, une civilisation » (1). La conception de « l'Australie blanche » (*white Australia*) ne s'explique pas autrement. « Ce n'est pas une théorie politique, c'est un évangile ».

Les Américains s'inquiètent du manque de cohésion de leur population, malgré les progrès constatés dans ce sens par les étrangers qui parcourent les Etats-Unis. Il est en effet très difficile à présent de deviner l'origine des parents d'après l'aspect des enfants. Latins et même Slaves après deux ou trois générations ont presque la même apparence que les descendants des puritains, les mêmes traits dérivés du type anglo-saxon originel, déformé. Et pourtant les Américains ne sont pas sûrs d'eux-mêmes; ils ne se tiennent pas pour un peuple complètement formé.

Notre principale imperfection comme peuple, écrivait en 1926, dans un article de revue, le docteur Collin, notre défaut national le plus manifeste est

_____

(1) Il faut tenir compte aussi du point de vue financier. La City l'emporta sur le Foreign Office, quand la livre se trouva menacée de la mauvaise humeur des Américains au cas où l'alliance anglo-japonaise serait maintenue.

une sorte de développement anormal, que l'on appelle infantilisme de l'adulte. Bien des symptômes indiquent que nous sommes une nation d'adultes-enfants, et on en trouverait plus d'une preuve (1).

N'y a-t-il pas dans ces lignes comme le sentiment que tout ce qui augmente la richesse et la puissance industrielle d'un peuple ne l'unit pas? Le monde peut être, en effet, un jour *uniformisé* par l'usage des mêmes instruments de production, par l'emploi des mêmes techniques joints à la facilité de plus en plus grande des communications matérielles: ce n'est pas ce qui *l'unira,* car comme quelqu'un l'a dit : « la matière est essentiellement diviseuse et les hommes ne communiquent que dans l'immatériel ».

Les Américains semblent éprouver l'exactitude de cette opinion, et ils en sont d'autant plus troublés que se pose pour eux d'une façon plus pressante, le problème de la race.

(1) Cité par M. Bernard Faÿ dans *le Correspondant.*

CHAPITRE IV

Les institutions politiques d'un peuple interviennent dans ses destinées pour une part bien moindre que ses qualités et ses défauts. Témoin la différence qui existe entre les Etats-Unis des Anglo-Saxons et les Etats de l'Amérique du Sud peuplés d'indigènes avec un appoint espagnol et portugais; bien que ces Etats possèdent les mêmes institutions que les Etats-Unis (parlement, ministres, séparation des pouvoirs), ils ne sont pas arrivés à la stabilité politique de ceux-ci, et la dictature y est le régime le plus souvent appliqué.

L'âme de la race peut devenir une cause d'arrêt dans le progrès, quelquefois même une cause de décadence si elle ne s'adapte pas aux nécessités du siècle.

Il y a parfois dans l'histoire des nations, disait

un jour M. Paul Claudel dans une conférence à Tokio, des moments où, pour rester fidèle à l'esprit et
à la vocation de la race, il faut savoir briser courageusement des formes qui ont eu leur valeur et leur
utilité, mais qui ne s'accordent plus avec ce besoin
de tout être vivant le plus sacré qui est de continuer
à vivre. Ce moment est venu pour la France en
1789, il est venu pour le Japon en 1868.

L'âme de la race puise sa force dans le
passé, et plus ce passé est long, plus l'âme y
est attachée et a de mal à se faire aux conditions du monde moderne. Au contraire dans
les pays pour ainsi dire, sans passé, l'âme
individuelle constamment modifiée par les
événements s'y plie sans peine.

Par là s'explique la différence dont nous
parlons entre les Etats-Unis et les Républiques
du Sud; par là s'explique également le fait
que ces dernières, — avec elles le Mexique, —
n'excluent pas les jaunes mais les accueillent
et parfois même les attirent. Elles ne crai-
gnent pas la déformation de leur esprit national par ces éléments ethniques étrangers à
leur sol; elles estiment qu'elles se les assimi-
leront plus ou moins et que ce ne sont pas en
tout cas ces nouveaux venus qui dessécheront
les racines profondes de leur long passé. Tandis que les Etats-Unis qui cherchent à être
autre chose qu'une masse d'hommes assem-
blés au hasard, redoutent de plus en plus l'immigration. Si leur stabilité politique et leurs

progrès grandissent, d'autre part ils se ferment chaque jour davantage aux étrangers.

Ainsi, dès que l'on quitte les pays de langue anglaise du Pacifique, l'exclusivisme ne se pratique plus. Ce que nous avons appelé le principe des races, qui tend à constituer un lien de solidarité ethnique entre riverains du Grand Océan, n'a en effet, son application qu'entre les Etats-Unis et les Dominions britanniques.

La sympathie n'est pour rien dans leur rapprochement.

Les Australiens et les Néo-Zélandais, écrit M. André Siegfried, n'éprouvent traditionnellement pour les Américains aucune instinctive amitié : jalousie de parents pauvres, étroite tradition britannique dans les mœurs, loyalisme sans réserve à l'Angleterre. Cependant, à mesure que le péril jaune s'est précisé davantage pour cette petite colonie de six millions de blancs, perdue au bout du monde dans un isolement à la vérité effrayant, il est certain que la puissance américaine a tendu à leur apparaître sous un autre jour. A un moindre degré une évolution psychologique analogue s'est produite en Colombie britannique, peut-être dans le Canada tout entier... L'Australie, le Canada, les Dominions du Pacifique en général comptent sur la puissance britannique pour les défendre éventuellement contre un agresseur asiatique; mais ils estiment que leur sécurité dépend encore d'une autre condition : la collaboration, dans ces régions, de la race blanche tout entière, pour la défense de la civilisation occidentale.

4

Voilà pourquoi les Australiens, les Canadiens aussi, tiennent si instamment à demeurer en bons termes avec les Etats-Unis (1).

A ces considérations s'en ajoutent d'autres d'ordre économique, qui, bien que ne servant pas directement notre thèse doivent être mentionnées. Etats-Unis et Dominions ont une activité économique tellement associée qu'il est naturel qu'ils soient tentés de s'appuyer politiquement les uns sur les autres. Les articles américains d'exportation plaisent énormément au Canada et en Australie; d'autre part, les ventes du Canada et de l'Océanie aux Etats-Unis ont augmenté, ces quinze dernières années, de plus de 200 0/0. On concevrait difficilement que de tels rapports économiques fussent sans influence sur la politique réciproque des pays intéressés.

Cependant ni la politique, ni les intérêts économiques ne suffiraient à expliquer un rapprochement qui oblige les peuples entre lesquels il se produit, à surmonter certaines préventions. Seule la défense de la race blanche intervient d'une façon assez forte pour le réaliser.

Quelle que soit la part qui revenait naguère

(1) André SIEGFRIED, *op. cit.*, p. 337.

à des puissances comme la Grande-Bretagne et la France dans la suprématie de la race blanche, il semble qu'à présent dans la zone du Pacifique, les Etats-Unis soient appelés avant tous autres à représenter et à grouper les blancs autour d'eux.

On a l'impression que pourvu que lui reste l'allégeance politique de ses Dominions, le gouvernement britannique abandonne ce rôle aux Etats-Unis. Il faut tenir compte sans doute de l'opportunisme britannique et de la désinvolture incomparable avec laquelle Londres change de politique si le besoin s'en fait sentir; en tout cas les Dominions qui ne tiennent nullement à se trouver dans une situation délicate entre les Etats-Unis et l'Angleterre, ne se refusent pas à l'allégeance. La charte du 19 novembre 1926 ne consacre qu'une évolution dans les relations de la Grande-Bretagne avec ses Dominions et non pas une rupture, comme l'ont cru des juges superficiels ou trop rigoureusement logiques. En somme tout ce qui pourrait ressembler à une dépendance des Dominions par rapport au gouvernement de la Grande-Bretagne est éliminé, mais le rôle de la couronne comme centre de l'empire britannique subsiste dans la liberté, et ce serait singulièrement méconnaître la souplesse de la politique de Londres et la simplification des moyens, chère aux hommes d'Etat britanniques, que d'imaginer autre chose (1). Quoi qu'il en soit un groupement de puissances blanches paraît en train de se constituer dans le Pacifique, en fonction d'une opinion qui n'accorde plus la primauté aux intérêts politiques mais à ceux de la race.

A vrai dire, il ne semble pas que l'opinion américaine tout entière ait conscience du rôle primordial que les Etats-Unis sont appelés à jouer dans un pareil groupement. Ce n'est guère que dans les Etats de l'Ouest où la race jaune s'oppose d'une manière pour ainsi dire tangible à la race blanche, qu'un sentiment de solidarité et un besoin de défense sont nés précisément de ce fait patent, quotidien et renouvelé qu'est la rencontre d'un Japonais dans une rue de San-Francisco ou de Los-Angeles. Pourtant, ce rôle, les Etats-Unis ont déjà commencé à le jouer, et la Conférence de Washington où ils se vantent d'avoir brisé l'alliance anglo-japonaise, fut aux cousins d'Europe un rappel sévère dont l'habileté du reste est contestable, mais qui n'en marque pas moins une volonté de direction morale dans la zone du Pacifique (2).

(1) Voir, dans *le Temps* des 18 et 26 février, 5 mars 1927, les articles de M. Jacques Bardoux sur « L'Evolution de l'empire britannique ».

(2) Le sénateur Lodge disait au Sénat américain, le 8 mars 1922 : « Le point capital et le plus important du traité est la fin de l'alliance anglo-japonaise. C'était l'objet principal du traité ».

Quand on sait avec quelle rigueur les Etats-Unis entravent l'immigration jaune sur leur territoire et cherchent à brider les noirs qui l'habitent, on juge quelle inquiétude leur donne le voisinage du Mexique. La population de ce pays est évaluée à 15 millions et demi d'habitants sur lesquels on ne compte que que 2 millions de blancs, Indiens et métis formant le reste. Mais le pire est que le Mexique s'est ouvert aux émigrés par une loi du 31 octobre 1925, et que les métis, par haine des blancs, et les Indiens, par haine des blancs et des métis, ont tendance à favoriser l'immigration des Japonais.

Or, surtout depuis leur exclusion des Etats-Unis, les Japonais déverseraient volontiers sur le Mexique une partie de leur population toujours croissante. Et tandis que les agriculteurs japonais viennent y travailler, ce pays vend au Japon industriel quantité de matières premières qu'il n'a pas chez lui. Un traité du 8 octobre 1924 règle leurs rapports commerciaux.

Peut-être y a-t-il de la part du Mexique quelqu'imprudence à s'ouvrir sans restriction à l'émigration japonaise. Le flot asiatique quand il devient impétueux n'est pas aisément arrêté. Nous l'avons constaté aux îles Hawaï, et c'est précisément à un risque analogue que la Californie n'a pas voulu s'exposer. En tout cas nous voyons le Brésil, où les Japonais sont bien accueillis, faire preuve de plus de prévoyance. Dans son livre *Le Crépuscule des nations blanches* (p. 171) (Payot), M. Maurice Muret cite *le Jornal do Brazil* commentant l'arrivée à Rio d'une commission d'études japonaises :

Nous ne saurions ouvrir entièrement nos portes aux Japonais, écrit ce journal. Il ne nous convient pas non plus de les fermer. Mieux vaudrait tracer des limites au concours de ces étrangers, de manière à n'avoir rien à craindre d'eux au cas où ils ne s'assimileraient pas. Cette question devra être résolue par une législation prévoyante destinée à épargner aux générations futures un trouble problème de race.

On voit le doute prudent émis sur l'assimilation des Asiatiques, malgré la garantie qu'offre à un pays un long passé de civilisation contre la déformation de l'esprit national par l'apport d'éléments étrangers. Il faut dire que les Japonais se sont rendus acquéreurs d'un territoire considérable au Brésil, et qu'ils sont toujours prêts à l'augmenter avec l'intention déjà en partie réalisée dans le Sud, d'y faire de grandes plantations de coton. Au Pérou également l'acquisition de vastes étendues pour la culture du coton est envisagée par des hommes d'affaires japonais.

En somme l'émigration japonaise a trouvé son chemin vers l'Amérique du Sud. Pour le moment, vu la situation troublée du Mexique, elle va surtout au Brésil et au Pérou, mais en vingt ans, le commerce japonais avec les trois pays a centuplé d'importance. Il n'en est pas de même au Chili. La crainte de l'immigration japonaise y est plus accentuée encore qu'au Brésil.

Plus un pays sud-américain est de race blanche, poursuit M. Muret, plus il s'afflige de cette invasion. Placé entre un danger nord-américain et le « péril jaune », il en arrive alors le plus naturellement du monde à préférer encore le secours onéreux des Etats-Unis à l'invasion des Japonais. C'est au Chili, le pays le plus « blanc » du Sud-Amérique, que l'immigration japonaise suscite les pires craintes (1).

La défense des blancs a pris aux Etats-Unis la forme d'une lutte pour l'intégrité physique de la race. Depuis la guerre surtout, la

(1) Il ne faut pas s'imaginer que la question de l'émigration japonaise puisse être réglée par le Mexique et certains pays de l'Amérique du Sud, dans l'état actuel des choses. Même au Brésil, où les Japonais vont le plus volontiers, ce n'est que lentement que l'émigration japonaise par familles, la seule qui vaille, peut s'organiser dans des conditions indispensables d'hygiène et de confort relatif. Au reste, les environs de Sao-Paulo sont déjà encombrés et c'est vers les régions de l'Amazone que devront dorénavant se diriger les émigrés japonais.

théorie de Gobineau sur l'inégalité des races
y est reprise et développée, et la thèse de l'hérédité l'emporte de plus en plus sur celle du
milieu, chère à Renan; des écrivains tels que
MM. Lothrop Stoddard et Madison Grant l'ont
répandue dans le public (1).

Jaloux de l'avenir de la « race américaine »,
M. Madison Grant, anthropologiste, se montre
dans *le Déclin de la grande race*, impitoyable
contre l'immigration étrangère « plus dangereuse, dit-il, qu'une conquête armée », parce
qu'elle risque d'altérer la « grande race »,
c'est-à-dire la race nordique, celle qui a le
premier rang. « L'immigration libre, dit-il
encore, ferait de notre nation une mosaïque
comme l'ancien empire d'Autriche, au lieu
d'une unité homogène comme était l'Amérique d'il y a un siècle ». Car les immigrés, lorsqu'ils sont assez nombreux, réclament des privilèges ou au moins des règlements et une
administration qui leur soient propres. Le
manque d'unité de race entraîne par conséquent ou risque d'entraîner l'unité de lois et
par là de rendre impossible une société démo-

(1) Les campagnes pour la sauvegarde de la race anglo-
saxonne sont facilitées par les incroyables méfaits du
monde interlope et puissamment acoquiné qui, dans les
grandes villes, comme par exemple Chicago, émerge
bruyamment et souvent tragiquement des bas-fonds de
l'émigration.

cratique essentiellement composée de citoyens égaux devant la loi.

Ces idées et d'autres encore, sur le danger de l'immigration pour l'élément anglo-saxon de la population, ont été propagées et exagérées par les eugénistes. Mais en réalité, ce que l'on redoute, c'est moins l'altération physique de la race que son remplacement par une autre qui aurait nécessairement un autre idéal national et d'autres institutions. Sous couleur d'eugénisme, il n'y a en tout cela qu'une préoccupation politique causée par ce fait qu'en dehors du Sud et de certaines parties de l'Ouest, la natalité chez les immigrants est beaucoup plus élevée que chez les Anglo-Saxons. Il s'agit de remédier à cet inconvénient pour conserver à ces derniers la direction de la nation.

Quoi qu'il en soit, le mouvement eugénique a pris aux Etats-Unis une très grande ampleur; l'ambition de ses partisans les plus enthousiastes est de créer « une nouvelle éthique de la race avec toute une législation de la reproduction ». L'étudier nous entraînerait en dehors de notre sujet. Aussi bien les exagérations qu'on y rencontre sont-elles loin d'être d'usage courant, sans parler de celles qui n'existent encore qu'à l'état de projets. Toutefois nous ne pouvions pas ne pas mentionner un des mouvements les plus typiques des Etats-Unis d'aujourd'hui; nous le pouvions d'autant moins, qu'un tel mouvement dénote malgré tout un souci plus ou moins sincère de l'avenir de la race même, qui le rattache à notre présente étude.

Ce n'est d'ailleurs pas qu'aux Etats-Unis que l'eugénisme est de mode; il l'est également en Australie et en Colombie britannique, pays anglo-saxons du Pacifique qui tendent à sauvegarder avant tout les intérêts de la race.

Or, si grandes que soient les exagérations auxquelles peut évidemment conduire l'eugénisme, il n'est pas, encore une fois, à notre sens, une forme négligeable de cette sauvegarde, car peut-être faut-il y voir l'application, la plus simple, sans doute, mais la plus tangible du principe des races. On dirait que les peuples intéressés à s'en faire une règle, ne veulent pas s'attarder aux nationalités et pensent, comme on l'a dit, « sous l'angle de la race ». Le point de vue ethnique paraît chez eux primer tous les autres. La politique reléguée au second plan n'apparaît plus que comme une notion consécutive à l'idée de race, et les combinaisons qu'elle engendre ou laisse prévoir semblent n'être que des conséquences du principe des races. Témoin l'attitude politique des Dominions britanniques du

Pacifique en face de l'alliance anglo-japonaise.

Lorsque cette alliance arriva à échéance en 1921, le Canada, puis l'Australie insistèrent auprès de Londres pour qu'elle ne fût pas renouvelée, sous prétexte qu'elle était un scandale pour la race blanche. Parallèlement, les accords de Washington peuvent être regardés comme une entente des blancs contre les jaunes.

Nous avons fait des réserves plus haut et plus spécialement dans notre livre *Le Problème du Pacifique* (Delagrave), sur l'opportunité de cette politique à la fameuse Conférence.

On aurait tort de conclure de ce qui précède à des événements prochains et redoutables. Il faut y voir pourtant la préparation assez troublante encore que virtuelle d'une activité internationale où les liens ethniques prévaudront sur les rapports politiques.

CHAPITRE V

LA RECHERCHE D'UNE UNITÉ MORALE
AUX ÉTATS-UNIS

Non seulement la recherche d'une unité morale aux Etats-Unis coïncide avec l'éclosion du principe des races, mais elle est orientée du même côté que ce principe; autrement dit, c'est vers une unité morale, fondée sur l'unité raciale que tendent les efforts des Américains.

Dans un livre récent, M. Lucien Romier constate comme nous-même que les Etats-Unis recherchent une unité morale; mais croyant les voir la chercher dans le nationalisme, il s'en étonne dans les termes suivants :

Apparemment, les Etats-Unis n'auraient lieu ni d'être nationalistes, puisqu'ils ne sont à aucun degré une nation, ni d'aspirer à l'unité, puisque, précisément, ils sont unis. Or ils rêvent d'unité et ils parlent un langage nationaliste. Ce double paradoxe traduit une même recherche : le peuple américain cherche, pour sa conscience, un principe d'unité. Son unité territoriale a été réalisée trop vite et maintenue avec trop peu de lutte pour que, des efforts accomplis ou des épreuves subies, pût sortir une unité morale. Le langage et les attitudes nationalistes, formes élémentaires de l'orgueil collectif, tendent à corriger ce défaut d'origine. A vrai dire, le nationalisme est une voie déraisonnable et dangereuse pour le peuple américain. Déraisonnable, parce qu'aux Etats-Unis le nationalisme ne correspond ni à une réalité ni à une nécessité. L'Amérique n'a pas à défendre ou à promouvoir un prestige de race, qu'elle ne possède pas. Elle n'a pas à protéger sa puissance que personne ne menace ni ne discute.

Dangereuse, parce que le nationalisme, loin de hâter l'unification, la gênerait ou la compromettrait. Il substituerait peu à peu et fatalement au cadre économique de la société américaine un cadre politique qui changerait la nature même de cette société. Le changement de cadre remettrait en cause les bases de la solidarité social. C'est que les Etats-Unis sont trop divers, pour l'étroitesse et les rigueurs de la discipline nationaliste. Déjà leur intervention dans la guerre européenne a provoqué en eux, après coup, un long scrupule. Au fait, comment soumettre à une même doctrine et à une même pratique du nationalisme les intérêts du Texas et ceux de l'Illinois, ceux de New-York et ceux de San Diego, ceux de Boston et ceux de la Nouvelle-Orléans (1)?

Partant de l'idée que les Américains cherchent leur unité dans le nationalisme pur et simple, ce raisonnement tient à merveille, mais c'est précisément l'exactitude de ce point

-----

(1) Lucien ROMIER : *Qui sera le maître, Europe ou Amérique?* pp. 139 et suiv. (Hachette, édit.).

de départ que nous nous permettons de contester.

D'abord l'unité politique, l'imprescriptible unité proclamée par Lincoln, l'Union, n'est pas l'unité morale qu'ils recherchent, et si celle-ci n'a pu sortir des luttes trop courtes qu'exigea la formation de la première, ce n'est pas une raison pour trouver paradoxal qu'ils en éprouvent aujourd'hui le besoin.

Ensuite, si l'on admet avec nous que ce n'est pas un simple « langage nationaliste » que parlent les Etats-Unis, mais que c'est d'un principe d'unité fondé sur l'hégémonie de la race anglo-saxonne qu'ils poursuivent la recherche, leur programme ne paraît pas si « déraisonnable ».

Sans doute, cette recherche procède de l'esprit nationaliste, mais de même que le principe des races, avons-nous dit au début de ce livre, n'exclut pas le principe des nationalités mais s'y juxtapose ou l'englobe, de même le nationalisme des Américains englobe le sentiment étroit, sommaire, exclusif parfois jusqu'au fanatisme qu'on désigne de ce nom.

On comprend en tout cas que l'hégémonie paraisse à la race dominante correspondre à une « réalité » et à une « nécessité ».

Quant au danger de voir « substituer au cadre économique de la société américaine un cadre politique », nous y voyons pour celle-ci une compensation qui nous le fait oublier. Cette substitution nous semble d'ailleurs fatale; mais en outre, si le type de société qu'ont créé les Etats-Unis paraît, non sans raison, à M. Romier, pouvoir compromettre sa propre durée par l'influence qu'il exerce sur les mœurs (amoindrissement de la famille en tant que cellule sociale, goût effréné du luxe), par contre le néo-nationalisme américain assure son propre avenir en s'appuyant sur la réalité suivante : le splendide isolement que prétendraient conserver à leur tour les Etats-Unis ne serait à notre époque qu'un rêve; il faut à leur production intensive des débouchés, dussent-ils se les ouvrir par la force, ou bien la limitation systématique avec toutes ses redoutables conséquences.

Certes, nous pensons avec M. Romier que soumettre à une même pratique du nationalisme les intérêts du Texas et ceux de l'Illinois, ceux de New-York et ceux de San Diego, ceux de Boston et ceux de la Nouvelle-Orléans n'est guère possible et que « les Etats-Unis sont trop divers pour l'étroitesse et les rigueurs de la discipline nationaliste »; des intérêts trop dissemblables sont en jeu; aussi les Etats-Unis remédient-ils à cet inconvénient par un programme qui ne touche pas à ces intérêts. Toute la question est de savoir si ce programme est réalisable, autrement dit si une unité morale peut être fondée aux Etats-Unis, sur l'hégémonie de la race anglo-saxonne.

L'avenir seul répondra, mais l'on peut, quant à présent, voir l'orientation et le rythme du mouvement d'unification.

Tout d'abord on doit reconnaître que la recherche de l'unité raciale se conçoit, quelle que soit la diversité des Etats de l'Union, car pour sept ou huit qui comptent moins de 50 0/0 d'Américains de race blanche nés aux Etats-Unis de parents américains, tous les autres comptent de 50 à 90 0/0. Du reste, cette recherche a déjà commencé. La guerre de 1914 l'a provoquée. Jusque-là, ou presque, le fameux creuset américain avait paru fonctionner assez rapidement pour fondre tous les éléments d'immigration qui affluaient.

Vers 1910, écrit M. Siegfried, en pleine marée slavo-latine, des doutes commençaient à se manifester quant à la vertu du creuset, mais immédiate et décisive fut l'impression produite par la guerre : comme une révélation soudaine, le manque d'unité de la nation apparut aux Américains conscients... Ainsi des centaines de milliers, des millions d'étrangers, qu'on se flattait de croire américanisés, ne l'étaient pas. Qu'ils eussent, dans leur stage d'accoutumance, conservé temporairement certains traits pittoresques de leurs pays d'origine, à la rigueur! Mais qu'en présence de la guerre européenne leur réaction fût allemande, autrichienne, hongroise, serbe ou française et non américaine, voilà qui décelait quelque chose de malsain. Avec de pareils citoyens, — quelle dérision dans ce terme! — les Etats-Unis devenaient une mosaïque, risquaient de n'être plus une nation. Ce n'est pas dans cet esprit qu'on avait admis tous ces immigrants, il y avait tromperie! Non que la sécession, le plus souvent sentimentale tout au plus, fût fâcheuse ou mît en péril la sûreté de l'Etat. N'était-il pas assez grave déjà que des Américains ne sentissent pas en Américains et votassent en se plaçant d'un point de vue étranger? Les Italo-Américains dans la controverse de Fiume, les Germano-Américains dans la campagne présidentielle de La Follette sont restés d'abord des Italiens et des Allemands. La société autochtone — dans la mesure où ce mot signifie quelque chose en Amérique — supporte ces dissidences avec une impatience croissante (1).

Il s'agit donc pour les Américains d'activer le fonctionnement du creuset. Au préalable, les jaunes sont purement et simplement exclus. Restent les Britanniques, les Scandinaves, les Germaniques, les Slaves, les Latins dont le nombre autorisé à s'installer annuellement aux Etats-Unis a été réduit de plus de moitié par la loi de 1924, mais qui rendent des services dont on ne veut cependant pas se

____

(1) André Siegfried, *op. cit.*, pp. 10 et suiv. — On trouve, dans un article du *Stuttgarter Neues Tagblatt* du 6 avril 1928, sur les lois américaines d'immigration qui inquiètent particulièrement l'Allemagne, les mêmes remarques sur l'étonnement causé aux « yankees » par l'élan patriotique qui poussa pendant la guerre les « nouveaux Américains » d'origine française et allemande à retourner dans leurs pays respectifs pour les défendre.

priver entièrement (1). Or, dans le creuset, le point de fusion n'est pas le même pour ces différentes races. Tantôt l'assimilation se produit dès la première génération; tantôt elle ne se fait qu'à la deuxième ou à la troisième. Et encore faut-il qu'elle soit complète, qu'elle ne soit pas seulement de surface, que l'américanisme qui en résulte chez l'immigré ne soit pas une simple juxtaposition. Il faut, aux yeux des Américains, que l'assimilé adopte vraiment les principes moraux, sociaux, politiques des Anglo-Saxons.

Ce qui crée les désaccords et quelquefois les haines entre les races, ce sont tout d'abord les dissemblances de constitution mentale. Des hommes qui sentent différemment, qui sont impressionnés diversement par les mêmes événements, ne peuvent que difficilement se comprendre. Puis viennent les différences de religion et d'intérêts et enfin les divergences dans les conceptions politiques.

Les haines religieuses, sans être moins vives, ne se traduisent plus à notre époque d'une manière aussi éclatante qu'autrefois. Quant

---

(1) On voudrait, dans certains milieux des Etats-Unis, supprimer l'immigration « méditerranéenne » et n'accueillir que l'immigration « nordique ».

aux haines d'intérêts et à celles qui naissent de la politique, la guerre de 1914 montre jusqu'où elles peuvent aller.

Tant de principes de discordes entre gens venus des quatre coins du monde peupler le territoire nord-américain, obligent les Etats-Unis à résoudre chez eux le problème des races, sous peine de troubles graves un jour ou l'autre. Mais la politique des races à l'intérieur d'un Etat n'est pas aisée; elle risque d'ajouter une cause de discorde de plus à celles qu'elles voudrait écarter, si elle n'est pas conduite avec le plus grand tact. Aux Etats-Unis, nous la voyons vexer les Européens, mettre en méfiance les Américains du Sud, humilier les Asiatiques; et si les sentiments ainsi créés sont peu gênants pour la race dominante en temps ordinaire, ils le deviennent tous les quatre ans, aux élections. On l'a vu l'an dernier. Il est vrai que les immigrés manquent trop eux-mêmes d'unité pour battre l'influence de la « grande race », et que d'autre part des contingents nouveaux de Britanniques maintiennent la force numérique de celle-ci. La crise industrielle qui a suivi, en Angleterre, la fin de la guerre a accru l'émigration aux Etats-Unis.

Les moyens employés jusqu'ici par les Américains pour résoudre le problème racial ne sont pas faits pour leur attirer des sympathies; mais l'idéal qu'ils poursuivent n'est certainement pas facile à atteindre. Nous disons bien l'idéal, car il y a dans la recherche d'une unité de race chez les Anglo-Saxons des Etats-Unis autre chose que l'ambition, l'orgueil de constituer une nation homogène; il y a un besoin d'unité morale, d'éthique propre, qui fait sinon pardonner, du moins comprendre la brusquerie et la maladresse des moyens.

A tendre vers cet idéal, — peut-être sous l'instinctive impulsion des destinées de leur pays, — l'esprit puritain de la majorité d'entre eux s'exalte et découvre une certaine mystique.

Enfin s'il est vrai que « les hommes ne communiquent que dans l'immatériel », le besoin d'unité morale que l'on constate chez les Anglo-Saxons des Etats-Unis, peut, dans ce qu'il a de spirituel et d'élevé, leur suggérer des procédés plus heureux et, grâce à cela, se trouver, un jour, satisfait.

CHAPITRE VI

Nous avons fait remarquer que la politique du Japon à l'égard de la Chine n'avait plus ce caractère agressif d'il y a quelques années, mais qu'au contraire le gouvernement japonais tenait à ce qu'elle fût « une politique de coopération en vue du développement économique de l'Orient ».

Nous voudrions revenir sur ce point, examiner ce qu'il faut entendre par ce programme si simplement formulé et tenter de donner une idée de ce que l'on pourrait appeler la collusion entre les jaunes dans le Pacifique.

C'est toujours une entreprise délicate que de démêler sous les actes des gouvernements et des peuples les intentions qui peuvent s'y cacher. Dans la pratique, c'est affaire aux diplomates, du moins en ce qui touche aux relations internationales au jour le jour; dans le recul du temps, ils n'ont point à voir, sinon par goût ou par souci d'agir pour le mieux en découvrant des précédents aux cas qui les occupent.

Mais c'est à l'Histoire ou plutôt à la Philosophie de l'Histoire, qui tend à percevoir dans le tissu des faits la trame qui les relie les uns aux autres, qu'il appartient de rechercher les intentions qu'ils recèlent, afin de déterminer si possible la loi qui les gouverne, d'en dégager le sens ou d'en mesurer la véritable portée.

C'est dans ce dernier but que nous allons tenter un effort peut-être prématuré, à propos d'événements encore récents. Nous souhaitons que le lecteur y trouve assez d'intérêt pour nous pardonner un essai aussi audacieux.

Les incidents politiques n'ont pas manqué, au cours de ces dernières années, qui pourraient faire croire à un dissentiment profond entre les deux principaux peuples de race jaune, et l'on a franchement l'air d'avancer un paradoxe, lorsqu'on parle de collusion entre eux. Indignation des Chinois contre les « vingt et une demandes » de l'ultimatum japonais du 7 mai 1915, protestations soulevées en Chine par la convention militaire du 16 mai 1918, refus des délégués chinois de signer le traité de Versailles à cause de la situation faite au Japon dans le règlement de l'affaire du Chantoung, soulèvement contre les Japonais à Shanghaï en 1925, protestation auprès de la Société des Nations contre leurs agissements à Tsinan-Fou en 1928, suivie d'ailleurs d'une protestation des Japonais, et le boycottage de leurs produits sur tout le territoire chinois accompagnant invariablement ces différents incidents : tel est, en partie, le bilan des relations sino-japonaises.

Et pourtant, si l'on examine de près la suite donnée à chacun de ces incidents, on s'aperçoit qu'indignation, colère, représailles ne sont que reflexes momentanés, sentiment de surface comme en peuvent éprouver les uns contre les autres des membres d'une même famille dans un cas déterminé, mais qu'au fond un sentiment de parenté subsiste, et l'accord suit. Il y a plusieurs années déjà, nous écrivions dans *L'Evolution de la Chine* (Editions Bossard) : Ce que les Chinois n'aiment pas à s'entendre dire par un étranger, c'est qu'ils ne détestent pas les Japonais. Pour *la face*, ils n'admettent pas qu'on les croie capables d'envier le progrès de leurs voisins ou incapables de les égaler s'ils le voulaient; mais de plus en plus nombreux sont ceux qui reconnaissent la nécessité d'entrer dans les mêmes voies qu'eux pour sauvegarder leur indépendance.

Notre opinion non seulement a subsisté, confirmée du reste par des témoignages recueillis auprès de Chinois et de Japonais, mais les événements n'ont cessé de l'affermir dans

notre esprit. C'est la nécessité que nous venons de rappeler qui pousse les Chinois à re-
prendre ostensiblement avec les Japonais,
après chaque incident, non seulement les relations commerciales interrompues dans un accès de mauvaise humeur, mais des relations
politiques cordiales que s'efforcent d'entretenir, par leur action personnelle, les diplomates
japonais accrédités en Chine. Des voix s'élè-
vent alors parmi les Chinois qui disent comme
un haut fonctionnaire de Pékin, il y a quelques
années : « Sans doute la masse chinoise est-
elle réfractaire à toute emprise japonaise. Le
souvenir est toujours aussi cuisant pour elle
de l'ultimatum du 7 mai 1915; mais il faut
compter avec les nécessités financières auxquelles nous sommes en proie et aussi avec ce
grand guérisseur de tous les maux : le temps...
On nous dit bien que le vent est à la démocratie et au désarmement universel. On nous dit
bien encore qu'un organisme nouveau est sorti
de la Conférence de la Paix, la Ligue des
Nations, et qu'il peut être le régulateur de la
vie future des peuples! Mais n'est-ce pas trop
risquer que de s'abandonner aveuglément à
de telles espérances? La preuve de la valeur de
la Ligue des Nations est encore à faire... Dans
ces conditions, est-il si chimérique de prévoir
une alliance du Japon et de la Chine, le premier armant la seconde pour assurer une

revanche du monde jaune sur le monde blanc? » (1).

Paroles à méditer et qui témoignent hautement. Le monde jaune et le monde blanc : deux mondes qui, dans l'esprit de ce Chinois, s'opposent. Paroles d'autant plus impressionnantes qu'elles sont dites sans passion. On y sent, outre une sincérité inquiétante, le bon sens inné des Chinois qui ne s'abandonnent pas, les yeux fermés, aux systèmes européens; car, pour eux comme pour d'autres Asiatiques, la Société des Nations est un organisme avant tout européen, sinon un instrument de domination européenne. En tout cas, le scepticisme quant à l'efficacité de son action est grand. Les Japonais, les premiers, malgré le rôle personnel très brillant que l'on a vu y jouer leur délégué, la regardent généralement d'autant plus comme une institution idéaliste, sans vertu pratique, qu'elle ne traite aucun des problèmes qui les touchent de plus près, c'est-à-dire ceux qui se posent entre eux et la Chine, les Etats-Unis ou l'Union soviétique (2).

(1) On pourrait multiplier les citations du même genre.

(2) Un Japonais, le vicomte Soga, membre de la Chambre des Pairs, disait en 1928 : « Le Japon joue un rôle de premier plan à la Société des Nations, un rôle qu'il prend très au sérieux, avec une croyance absolue dans l'œuvre de paix et de conciliation poursuivie par l'institution de Genève. Mais en même temps le Japon pra-

***

Si l'on se rend peu compte, en Europe, d'une sorte d'entente tacite des jaunes, il n'en est pas de même dans les pays des deux Amériques qui sont baignés par le Pacifique et que préoccupe l'immigration chinoise et japonaise. Là règne le sentiment d'une unité virtuelle de la race jaune, à tel point que quelqu'un a pu écrire qu'aux Etats-Unis par exemple « il est courant de dire de la guerre de 1914, qu'elle fut une guerre de Sécession entre les blancs, c'est-à-dire une lutte fratricide devant le danger commun : les peuples de cōuleur ».

Les Américains ne connaissent pas que la question des jaunes, ils connaissent aussi celle des noirs; mais la première, nous l'avons vu, est autrement plus grave, à leurs yeux, que la seconde. Les jaunes, quoique bien moins nombreux que les noirs, sont beaucoup plus remuants, plus ingénieux, plus fins, et c'est évidemment à eux qu'ils pensent lorsqu'ils évoquent le danger des peuples de couleur.

Malgré les différences qui existent entre les

tique en Extrême-Orient sa politique proprement nationale, avec le souci de ses intérêts, avec la préoccupation des devoirs et des obligations qui s'imposent à toute nation qui veut vivre. »

divers groupes du type mongolique : Chinois, Japonais, Annamites, Thaïs, Muongs, au point de vue des mœurs et des habitudes, les affinités de caractère n'en cimentent pas moins entre eux une union naturelle latente que consolide encore un même fonds de civilisation. Sans doute, le Japon, pour ne citer que lui, n'a pas continué directement la civilisation antique de la Chine, mais il n'a rien reçu du monde pendant des siècles et jusqu'à un temps relativement proche, que sous la forme chinoise. Qu'on se souvienne du rôle qu'ont joué les Japonais dans les événements qui ont amené la révolution chinoise. En présence des appétits des puissances blanches, nombreux furent les Chinois qui pensèrent que l'intérêt de leur pays était de s'entendre avec le Japon, bien résolu de son côté à ne pas se laisser devancer par celles-ci; car, si la Chine était pour lui la parente de même race, elle était aussi dès ce moment, comme elle l'est devenue davantage encore par la suite, le réservoir indispensable de produits de plus en plus convoités. Or, le parti chinois pro-japonais constitué avant la révolution fut partisan de cette dernière. Il est hors de doute que Sun Yat Sen devint lui-même le pivot des intrigues japonaises. On sait qu'après avoir été l'adversaire du Japon, quand celui-ci aidait Yuan Che Kai, il se déclara partisan d'un bloc asia-

tique contre l'Occident et prononça un dis-
cours retentissant sur ce thème: le Japon doit
aider la Chine à abolir les traités inégaux.
N'a-t-on pas annoncé que des associations de
patriotes japonais, qui luttent contre l'influence politique et morale du monde occi-
dental en Asie, projetaient d'élever un monu-
ment à sa mémoire parce qu'il s'efforça de
libérer la Chine de la domination étrangère?
Toutefois, le Japon eût souhaité une révolution seulement au-dessous du Fleuve Bleu, afin
d'atteindre les zones d'influence anglaise et
française que contenait cette partie de la
Chine, mais il était loin de désirer la chute de
la dynastie mandchoue qu'il comptait tenir en
tutelle à Pékin.

Cette politique à double détente ne se réa-
lisa pas, mais, ce que nous en retiendrons, c'est
le témoignage qu'elle apporte de cette intelligence entre Japonais et Chinois au préjudice
des blancs et que définit littéralement le terme
de collusion.

N'empêche que la Chine reste, aux yeux des
Japonais, le fonds de réserve de tout ce qui
leur manque et l'enjeu d'un conflit éventuel
dans le Pacifique. Ce conflit, qu'il est permis
de pressentir pour un jour indéterminé dans
ces régions d'Extrême-Orient, a des causes et
des buts variés. Si le manque d'équilibre des

races en est selon nous une des principales causes, et si l'un des principaux buts en est de trouver de la place à une population jaune toujours croissante, la conquête des matières premières que recèle la Chine en même temps que celle du marché chinois pour l'écoulement de produits manufacturés, n'en sont ni une moindre cause ni un moindre but. De sorte que le Japon peut mener à la fois une politique de rapprochement avec la Chine et une politique de conquête économique, la première contre-balançant la seconde.

Peut-être y a-t-il là de quoi dérouter notre raison d'Aryens, mais celle des jaunes ne s'embarrasse pas de contradictions qui nous paraissent inconcevables. Notre logique, nos déductions rigoureuses, notre besoin de précision, rien de tout cela ne s'impose à leur esprit ondoyant et ennemi de l'absolu avec la même inflexibilité qu'au nôtre. Japonais et Chinois partisans d'une politique d'entente ne concluent pas, comme nous le ferions, d'une querelle même violente, d'un incident militaire même très grave, comme il y en a eu, comme il peut y en avoir encore, à la ruine ou seulement à l'affranchissement de cette politique (1).

---

(1) A ce propos nous dirons quelques mots de ce que les Chinois appellent « la face ». Pour beaucoup d'étrangers, « la face » est simplement la manifestation d'un

En tout cas, l'on comprend aisément que la Chine soit au premier rang des préoccupations japonaises. Outre la question des matières premières, il y a celle des résidants japonais

orgueil outrancier. Il faut aller plus au fond. « La face » est une conséquence de la psychologie chinoise. Le Chinois ne s'intéresse pas aux idées pures; celles-ci n'ont d'intérêt que dans leur répercussion morale. Pour lui, philosophie et morale sont une seule et même chose.

Or ce mépris de l'idée pour elle-même a eu sa répercussion dans les rapports sociaux, il explique en partie « la face » chinoise. Avoir raison, avoir tort dans une discussion n'a aucun sens, car il n'y a rien d'absolu. Confondre un adversaire, lui prouver son tort, serait affirmer pratiquement une vérité absolue. Dans toute discussion, par conséquent, personne n'a tout à fait tort.

On voit que ce n'est pas par orgueil, mais du fait de sa psychologie et par conviction de ne pas posséder la vérité absolue, que le Chinois ne fait pas perdre « la face » à son adversaire.

D'aucuns se sont moqués du manque de précision du Chinois. Aujourd'hui il y, a selon lui, dix kilomètres entre deux villages; demain, il y en aura huit. Evidemment, puisqu'il fait abstraction de la vérité absolue et considère la distance qui sépare ces deux villages sous son angle pratique. Aujourd'hui, vous êtes fatigué, il pleut... la distance, en pratique, est plus grande qu'elle ne sera demain, si vous êtes reposé et s'il fait beau.

Enfin, en politique, les Chinois admettront que tout n'est pas parfait chez eux, à condition que vous concédiez la même chose chez vous. La vérité n'ayant qu'une valeur relative, ils souffrent comme d'une injustice de récits de leurs difficultés politiques, et ne manquent pas de vous rappeler celles par lesquelles votre pays a pu passer avant le leur. Seulement, s'il n'y a pas de vérité absolue, il n'y a pas non plus d'erreur absolue. On comprend alors que les Chinois ne soient jamais enclins à rejeter en bloc une théorie, quelle qu'elle soit.

qui approchent de 300.000 et enfin celle des capitaux investis en Chine, depuis dix ans surtout, qui peuvent atteindre 3 milliards de yens (le yen vaut actuellement 2 fr. 583 or).

Or, il est à noter que des moyens s'offrent au Japon de témoigner à peu de frais de l'amitié à son voisin chinois, qui ne s'offrent pas de la même manière aux autres puissances. Au moment où les traités dits « inégaux » par les Chinois sont mis en question, le Japon, grâce à ses affinités ethniques avec ces derniers, à l'emploi de la même écriture qu'eux, pourrait par exemple abandonner du jour au lendemain son privilège d'exterritorialité juridictionnelle, sans que ses nationaux eussent beaucoup à en souffrir. Le Japon a prouvé à diverses reprises qu'il ne laisserait pas compromettre ses intérêts en Mandchourie et au Chantoung et ce qu'il y appelle ses « droits acquis » ; mais, ceux-ci une fois sauvegardés, il saurait certainement sacrifier sa situation de puissance privilégiée, dans le reste de la Chine, à des avantages économiques.

Un tel état d'esprit laisse à sa diplomatie la souplesse nécessaire à la reprise de relations de bon voisinage avec la Chine, après chaque querelle.

Ce serait donc s'exposer à une déception analogue à celle qu'ont éprouvée, à la Conférence de Washington, ceux qui pensaient pouvoir dresser Anglais et Américains les uns contre les autres, que de s'attendre à voir les Chinois prendre parti contre les Japonais dans un conflit du Pacifique.

On a dit non sans raison qu'après la guerre sino-japonaise de 1894-95, les Japonais victorieux n'étaient plus, pour les Chinois, un peuple complètement des leurs; ils faisaient partie des puissances qui se ruaient à l'asservissement de la Chine. A chaque nouvel incident entre eux, ce même sentiment domine chez les Chinois, mais combien passager! Et puis n'oublions pas que les fautes des blancs à l'égard des jaunes rapprochent ces derniers, surtout quand elles sont commises à l'égard du Japon, la puissance active de l'Extrême-Orient, à cause de son plus grand rayonnement. Rappelons-nous, d'autre part, la signification qu'emportent avec soi des manifestations comme les conférences panasiatiques, malgré leur peu d'effet immédiat. Nous ne sommes pas seul à le souligner. Certains vont même plus loin et déclarent que l'unité asiatique existe dès maintenant et qu'elle a seulement besoin d'un chef. A notre avis, ceux-là vont trop vite. Cette prétendue unité asiatique est encore loin d'être formée. Quant à l'unité des jaunes qui ne serait qu'un compartiment de la première, elle ne s'indique que dans la mesure où nous l'avons dit.

Le Japon ne parle plus de cette renaissance asiatique dont il voulait naguère prendre coûte que coûte la direction; du moins ne montre-t-il plus quant à présent une telle ambition. Ce qu'il offre et recommande aux Chinois, c'est une « coopération économique », expression véridique jusqu'à un certain point, mais surtout destinée à dissimuler l'avidité de sa recherche des matières premières et du marché chinois. On se représente, d'autre part, aisément la pointe qui, sous ce simple et pacifique programme, menace les puissances blanches. Le « péril jaune » pourrait bien résider dans une contre-offensive économique. De sorte que l'on peut dire que la collusion entre Chinois et Japonais se trahit autant dans leurs rapports économiques que dans le ton des relations politiques qui suivent invariablement les incidents, même les plus vifs, qui surgissent entre eux. Mais l'unité des jaunes s'arrête là.

CHAPITRE VII

La transformation de l'idée de guerre et le Pacifique

De même que notre chapitre sur l'éclosion du principe des races n'était pas une simple discussion académique, mais un effort de compréhension dans un but pratique et humain, de même il ne s'agit nullement, dans le présent chapitre d'une métaphysique de la guerre, mais de l'évaluation d'une idée en fonction d'un cas concret.

De tous temps, les hommes ont aspiré à la paix. Les peuplades comme les nations les plus belliqueuses n'ont jamais fait la guerre que pour conquérir la paix. Cicéron, dans le troisième livre de sa *République,* dit que la guerre n'a d'autre but que de nous permettre, après la victoire, de vivre en paix. Du point de vue des théologiens, le but légitime que doit avoir toute guerre pour être juste est le rétablissement de la paix. *Pax omnium rerum tranquillitas ordinis.* Une guerre injuste ne poursuivrait donc pas ce but; cependant, si elle ne le poursuit pas exclusivement, elle y tend nécessairement, ne serait-ce que pour permettre au vainqueur de savourer le fruit de la victoire. Comment pourrait-il jouir de son butin autrement que dans la paix, si courte fût-elle? C'est pourquoi nous croyons pouvoir dire que la guerre n'a jamais été faite que pour conquérir la paix. Paix souvent précaire il est vrai et qu'aucun effort réel ne tendait à prolonger, mais qu'au contraire, l'espoir d'une meilleure poussait les hommes à rompre de nouveau.

Ainsi les hommes ont toujours désiré la paix et se sont toujours fait la guerre, paradoxe que certains déclarent éternel et fatal et que d'autres, par contre, prétendent supprimer. D'après ces derniers, la guerre est voulue ou éliminable par la volonté humaine. D'où les ententes ou les institutions qui, à certaines époques, après les grandes périodes de lutte, se sont donné pour mission de rendre impossible le renouvellement des conflits entre les peuples; d'où, de nos jours, la Société des Nations dont nous ne voulons pas décourager les adeptes convaincus, mais dont il faut bien dire qu'elle est encore loin de posséder le prestige et l'autorité indispensables au succès de ce qu'elle entreprend. Selon Ferrero, « la Société des Nations s'imposera à tous les Etats et rendra les plus grands services, tant que l'Europe aura besoin de paix et aura raison de redouter des conflagrations générales. Mais elle n'est pas encore l'institution destinée à assurer l'avènement du royaume de Dieu sur la terre ou l'éternelle fraternité des Etats. Comme la Sainte-Alliance, elle pourra s'affaiblir et s'épuiser, si le danger de guerres générales diminue et si des guerres isolées redeviennent en même temps nécessaires et possibles pour résoudre des questions insolubles autrement » (1).

Et l'éminent historien fait justement remarquer que, si la Société des Nations avait existé à l'époque où se fonda l'unité italienne, cette unité n'aurait pu être réalisée, car chacun des Etats dont se composait l'Italie aurait eu recours à la protection de l'institution pour conserver son indépendance absolue.

Au reste, il n'est que trop certain que la Société des Nations prête à l'équivoque, tant juridiquement que politiquement. Tandis que les nations qui la composent acceptent les obligations sociales auxquelles elles sont astreintes, ces mêmes nations entendent maintenir intacte leur souveraineté nationale. D'autre part, elles manquent des moyens indispensables à l'exercice de leur puissance collective. Mais peut-être est-il bon qu'il en soit ainsi,

(1) Guglielmo FERRERO, *op. cit.*, p. 126.

peut-être est-ce grâce à ces contradictions de principe que la Société dure et ne voit pas se dresser contre elle l'orgueil et l'égoïsme des Etats...

Un long temps devra sans doute s'écouler avant que la Société des Nations ait le pouvoir de reporter sur le terrain juridique la solution des conflits entre Etats sociétaires et de contraindre par la force, en dernier ressort, celui d'entre eux qui essaierait de se dérober à sa juridiction. N'est-ce pas là, d'ailleurs, demander une nouvelle conscience aux nations? N'est-ce pas exiger d'elles l'abandon d'un droit qui leur a été universellement reconnu de confier leurs prétentions au sort des armes et de résoudre par la force les difficultés, les problèmes qu'elles n'ont pu résoudre par les voies pacifiques, pour s'en remettre à une juridiction qui émane de leur union, il est vrai, mais qui diminue le droit de chacune d'elles de ce qu'elle abandonne à celui des autres réunis? Quoi qu'il en soit, il faut reconnaître que pareils changements ne sont pas à la veille d'être réalisés. Sont-ils seulement réalisables? « Jamais, il faut qu'on le sache, a écrit M. Sylvain Lévi à son retour d'Extrême-Orient, la terre n'a porté plus de haine qu'au temps de la Société des Nations. »

Toutefois, c'est en cherchant la liberté qu'on la crée, a dit quelqu'un; c'est peut-être en ne

tenant plus la guerre comme un fait aveugle
et fatal, mais comme un phénomène humain,
qu'on parviendra à l'éliminer par la volonté,
ainsi que l'ont été la vendetta et le jugement
de Dieu. En tout cas, cette transformation de
l'idée de guerre, qui se fait jour de notre
temps, n'est pas à dédaigner, au contraire, et
donne de l'espoir; mais, en dépit du nouvel
effort de pacification générale que représente
l'institution de Genève, les leçons de l'Histoire
restent toujours valables et applicables.

Or, l'Histoire nous enseigne sous des formes
diverses qu'un équilibre démographique rom-
pu tend à se recréer coûte que coûte, soit par
les migrations pacifiques, soit par les invasions
violentes. Fait constant et qui pose maints
problèmes qui n'entrent d'ailleurs pas dans
le cadre de notre étude. Nous n'avons ici qu'à
en retenir l'inflexibilité même et la gravité.

Mais, avant de faire l'application de cette
constante au cas spécial du Pacifique, il nous
faut examiner une opinion que l'Histoire dément et qui tend pourtant à se répandre de
plus en plus, à savoir que les causes de la
guerre se réduisent à une seule, la cause économique. On est de plus en plus persuadé que
les uniques facteurs des événements histori-

ques — la guerre avant tous les autres — sont et ont toujours été les circonstances économiques; d'où la théorie du « matérialisme historique » qui prétend tout expliquer par là. Cette théorie essentiellement anglo-saxonne, même en France n'est pas neuve.

Dans la magistrale introduction qu'a écrite M. Henri Moysset à *La Guerre et la Paix* de Proudhon, on lit : « Les lois de l'économie politique sont les lois de l'histoire, avait affirmé Proudhon en 1843... » Ce n'est pas ici le lieu de discuter la théorie de l'interprétation économique de l'histoire, ni de décider si en cette matière Proudhon est le précurseur de Marx ou si Marx est son plagiaire. Il s'agit de savoir si la guerre est réductible à une seule cause, si la notion d'équilibre européen est une « expression éminemment économique » et si la paix peut résulter de l'équilibre social et matériel des forces productives. Le livre IV de *La Guerre et la Paix,* qui fait l'objet de cette démonstration, ne résiste pas à l'examen.

« L'histoire lue exactement à rebours du sens où « l'interroge » Proudhon, en partant, par exemple, de la cause « psychologique » considérée comme cause unique des guerres, conduirait à des conclusions non moins spécieuses, mais aussi fortes. Elle démontre, en tout cas, que la cause « économique » est la plus relative de toutes, surtout dans la période moderne et contemporaine. Les besoins matériels d'un peuple sont à la fois quantitatifs et qualitatifs. Ils sont quantitatifs par rapport à son état démographique, à sa capacité de production et de consommation. Ils sont qualitatifs par rapport à l'idée qu'il s'en fait et qui varie d'époque à époque, de génération à génération, de classe à classe, d'individu à individu. Les premiers sont compressibles dans une mesure indéterminée et qui varie à son tour en fonction de l'état psychologique collectif ; les seconds sont extensibles à un degré indéfini et explosibles dans des conditions impossibles à prévoir.

« De ce point de vue, les poussées démographiques qui se sont produites depuis un siècle et demi, et qui ont triplé la population de l'Europe, ont eu chez les différents peuples les résultats les plus divers : conquête de territoires, révolutions intérieures, expansion commerciale, émigration, colonisation, autant de solutions du problème des subsistances. Ce n'est pas la somme totalisée des besoins qui a fatalement jeté l'Allemagne dans la guerre, puisque les moyens de les satisfaire pacifiquement étaient quasiment illimités. C'est un certain nombre d'idées contagieuses et de mythes propagés par des groupes intéressés qui ont multiplié, excité, unifié les désirs de la masse, au point de l'amener à opter pour le risque de guerre contre les autres solutions possibles.

« L'histoire « interrogée » impartialement nous apprend, en outre, que les causes de guerre évoluent du simple au complexe, passant du mobile physique de la subsistance des hordes ou peuples inertes aux sentiments troubles de la psychologie des foules endoctrinées et alertées. Les guerres qui ont eu lieu en Europe à raison de 75 ans au XVIe siècle, de 79 ans au XVIIe, de 50 au XVIIIe, en ne comptant que la durée de celles où la France a été engagée, sont désignées par des appellations diverses, aucune sous le nom de guerre économique, pas même celle où la Hollande a été impliquée de 1568 à 1713, soit 116 ans sur 145. Que le facteur économique y ait joué un rôle, cela n'est pas contesté; qu'il ait été déterminant au point de servir d'argument probant en faveur de la paix proposée par Proudhon, cela se passe de réfutation » (1).

Si, maintenant, nous appliquons au Pacifique les théories qu'on vient de lire, nous conclurons que le déséquilibre démographi-

(1) Œuvres complètes de P.-J. PROUDHON : *La Guerre et la Paix*. Introduction et notes de Henri Moysset, pp. LXXXV et suiv. (Marcel Rivière, édit.).

que qui règne sur les rives du Grand Océan constitue, malgré la transformation que subit de nos jours l'idée de guerre, une cause de conflit. Cette conclusion s'impose plus spécialement quand nous regardons du côté des jaunes. Si, au contraire, nous nous tournons vers les blancs, le rejet de l'exclusivité de la cause économique des guerres nous amène à penser qu'il peut effectivement y avoir des causes de guerre d'ordre tout différent.

Nous avons exposé le besoin d'unité morale dont font preuve aujourd'hui les Américains. Nous ajoutons qu'un autre malaise se manifeste parmi la jeunesse américaine, que M. Charles Vibbert, directeur de l' « American University Union » de Paris, expliquait dans une conférence faite à Paris, le 30 janvier 1928, de la manière suivante : « Malheureusement, l'indépendance intellectuelle du jeune Américain n'égale pas son indépendance morale et économique. Manquant de sens critique et d'une sévère discipline d'esprit, se rendant compte de la médiocrité de son bagage intellectuel, il reste timide, un peu égaré dans le domaine des idées ».

Il semble bien, en effet, que la jeunesse américaine traverse une crise intellectuelle, morale et peut-être religieuse. Aux Etats-Unis, où, en 1920, sur 118 millions d'Américains, 65 n'étaient inscrits à aucune Eglise, toutes les reli-

gions orientales sont aujourd'hui à la mode :
théosophie, bouddhisme, hindouisme; mais, le
plus significatif, c'est le succès exceptionnel
du catholicisme entre toutes les formes du
christianisme (1). On dirait que les Américains, les étudiants principalement, qu'ils
soient incroyants, juifs ou protestants, y découvrent un sens à la vie qu'ils ne trouvent
pas dans d'autres religions. Le catholicisme
éveille d'abord leur curiosité, les séduit par
sa pompe extérieure, par son prestige artistique et les amène peu à peu, grâce à ses vertus d'adaptation, à une sympathie moins su-
perficielle pour ses traditions et, cette fois,
pour son prestige religieux. En bref, au dire
des personnes les mieux renseignées, il y a
aux Etats-Unis, dans les générations qui naissent en pleine prospérité nationale, une rébel-
lion de l'âme contre le mécanisme exagéré,
une soif de vie intérieure, de beauté spiri-
tuelle, morale et religieuse, que n'apaisent pas
les jouissances matérielles et qui cherche un

(1) Les recettes effectuées par la Propagation de la Foi
dans 52 pays différents, au cours de l'année 1927, s'élè-
vent à 46.380.000 lire, ce qui représente une augmentation
de près de 12 o/o sur 1926.

Ce sont les Etats-Unis, avec leurs 20 millions de ca-
tholiques, qui ont apporté la plus forte contribution avec
22.409.333 lire, soit une augmentation de 8 o/o sur l'année précédente.

apaisement dans les cultes orientaux et le catholicisme (1).

Or, dans une société où la jeunesse se cherche ainsi, où la poursuite perpétuelle du bien vivre, de la perfection du confort s'est avérée impuissante à satisfaire les exigences de l'esprit, bien des impulsions, des entraînements, des besoins de risque et de gloire sont à prévoir, sinon à craindre. A des âmes ardentes, enthousiastes et énervées comme sont les âmes des jeunes Américains, misérable apparaît l'intérêt de la vie qui a suffi à leurs pères : l'acquisition de la richesse par le travail. On se demande alors ce qui attend ces caractères ou plutôt ce qu'ils préparent inconsciemment.

(1) « Dans une atmosphère d'où la civilisation matérielle a banni le mystère, le prêtre, aux yeux d'un grand nombre, paraît avoir conservé le secret de l'évoquer... D'un autre point de vue encore, le catholicisme apparaît aux Etats-Unis comme un asile, parce qu'il est avant tout l'Eglise des étrangers. Et cela veut dire qu'il ne se présente pas comme le camp altier d'une élite mais, combien plus humainement, comme un refuge ouvert à tous. Le protestantisme, même quand il proclame sincèrement le contraire, demeure en Amérique la religion des Anglo-Saxons, celle de la race « supérieure ». S'il accueille l'étranger, ce n'est pas tout à fait sur pied d'égalité : l'étranger ne se sentira tout à fait à l'aise, au milieu de ces « frères » d'essence privilégiée, qu'une fois intégralement américanisé. L'Eglise catholique reprend, au contraire à son compte, sans arrière-pensée de stage, l'appel du Christ : « Venez à moi, vous tous qui êtes travaillés et chargés »... Elle ne fait acception ni de races, ni de personnes. » (André SIEGFRIED, *op. cit.*, p. 46.)

« Ce que nous appelons aujourd'hui volontiers la vitalité, écrit Oswald Spengler dans le second tome du *Déclin de l'Occident,* ce *quelque chose* en nous qui tend à tout prix en avant, en haut, cette volonté de puissance aveugle, cosmique, nostalgique qui apparaît comme liée à la terre, au *pays,* à la façon des végétaux ou des bêtes, cette orientation vers un but, cette fatalité dans l'action, voilà ce qui partout, chez l'élite humaine, travaille, en tant que vie politique, à provoquer les grandes décisions, et doit y travailler pour *être* ou *subir* une destinée. Car on *croît* ou on *meurt.* Il n'y a pas d'autre alternative. »

Qui ne voit d'abord dans cette « volonté de puissance » une nouvelle réfutation de l'opinion de Proudhon sur la cause exclusivement économique des guerres? Ceux qui en outre trouveront dans les lignes de Spengler la confirmation de ce que nous avons avancé plus haut, à savoir que les événements qui soulèvent, emportent les nations peuvent tenir à l'évolution même de leur civilisation, comprendront pourquoi nous les avons citées à propos de la jeunesse instruite des Etats-Unis. Enfin, sentiront-ils, à cette lecture, combien l'état de paix est pour ainsi dire contraire aux règles du jeu de la vie? « La paix, écrit dans *Variété* M. Paul Valéry, est peut-être l'état de choses dans lequel l'hostilité natu-

relle des hommes entre eux se manifeste par
des créations, au lieu de se traduire par des
destructions comme fait la guerre. » Ne serait-
elle qu'un leurre?...

Certes, au lendemain d'une guerre comme
celle de 1914, l'on conçoit que, même si l'hostilité entre les hommes est le destin de l'humanité, des appels à la conciliation des peuples retentissent avec une intensité particu-
lière. De telles exhortations sont certainement
généreuses, seulement il faut prendre garde
aux illusions qu'elles peuvent créer dans l'esprit de peuples qui ont souffert, et qui en sont
d'autant plus enclins à s'abandonner à l'espoir d'une paix dorénavant indestructible.
D'aucuns pensent que l'expérience cruelle faite
par une génération détournera de la guerre
les suivantes. D'autres croient que, dans toute
prévision des grands événements de l'avenir,
il faut beaucoup compter sur le rôle de l'intelligence humaine. Que de fois n'avons-nous
pas entendu émettre cette opinion en juillet
1914! Les peuples sont trop instruits, nous di-
sait-on, l'opinion publique est maintenant
trop avertie pour risquer la ruine... La guerre
ne paie plus. Vainqueurs et vaincus sont ra-
menés à la même détresse...

Il en est très souvent ainsi en effet, mais pas
toujours; le vainqueur retire parfois de la
guerre, même de nos jours, des avantages su-

périeurs à ceux que lui aurait procurés la paix, témoin le conflit gréco-turc qui suivit la guerre mondiale et que les Turcs n'eurent pas à regretter. Et puis que vaut l'intelligence, un moment donné, contre « un certain nombre d'idées contagieuses et de mythes propagés par des groupes intéressés », contre certaines conditions matérielles ou contre l'obsédante et sourde coalition des forces impondérables qui poussent vers la guerre, comme vers une sorte de libération, des peuples excédés? Songeons enfin que des peuples jeunes d'une certaine jeunesse n'accumulent pas sur la guerre tant de raisonnements que les vieilles nations d'Occident et sont plutôt enclins à se prouver à eux-mêmes leur maturité par l'exercice de leur force.

Pareille conclusion peut paraître pessimiste. Nous n'avons pas promis au lecteur de lui révéler le secret de la paix perpétuelle; nous avons voulu évaluer pour lui une idée, l'idée de guerre, telle qu'elle se présente aujourd'hui aux yeux de certaines personnes, en fonction du cas qui nous occupe : le Pacifique.

CHAPITRE VIII

S'il est un sentiment commun aux riverains du Pacifique en même temps qu'une évidence qui s'impose à l'observateur, c'est bien l'hégémonie de l'esprit européen.

Certains nous parlent du déclin de l'Europe devant « l'américanisation » du globe, de la défense nécessaire de l'Occident contre l'envahissement de l'Orient. Il nous paraît que la vérité est autre et que pareilles opinions tiennent à une confusion.

Longtemps, quand l'étranger dit l'Europe, idéalement parlant, il entendit un ensemble défini, achevé qui évoquait une certaine manière de vivre et de penser, un tout séparé du reste du monde et qui pouvait être considéré en soi. La prépondérance de cette Europe dans le monde était un dogme fondé d'ailleurs sur d'éclatantes réalités et entraînait alors un grand prestige; mais rien de plus.

Le XIXe siècle vit, avec la vulgarisation de

plus équitable de chercher autre chose. Détachés brusquement de toute tradition, il est naturel que des cerveaux ardents prennent pour une preuve de force d'adopter les opinions les plus violentes. Quand nous voyons notamment des Orientaux se dresser contre la domination ou tout au moins les privilèges politiques et économiques d'Occidentaux dans leur pays, nous pouvons évidemment n'y reconnaître qu'une simple révolte et ne songer qu'à la réprimer; cependant, si ces Orientaux invoquent la liberté, la dignité humaine, la souveraineté nationale, n'est-ce pas l'écho des mots qui, en Europe, ont jadis réveillé les masses, et n'est-ce pas à notre prosélytisme que nous devons de les entendre aujourd'hui de leurs bouches?

Qu'y a-t-il donc au fond de cet esprit européen qui gagne et conquiert les peuples les plus éloignés, et d'où provient-il?

Il y a, nous le répétons, la mesure, la logique, l'équilibre des facultés et des créations. Il y a une méthode de pensée qui ramène tout aux proportions humaines, pour qui l'homme est la norme, le point de départ et l'aboutissement, la raison d'être de toute chose. Il y a des conditions tellement adéquates à l'essence même de la nature humaine qui n'a pas changé, qui ne peut pas changer, que fatalement ces conditions subjuguent les peuples qui commencent seulement à les connaître, grâce aux progrès matériels qui rapprochent les différents groupes humains et qui permettent la diffusion de notre enseignement moral à toutes les races du globe.

Et d'où provient cet esprit européen?

Du patrimoine intellectuel d'Athènes et de Rome humanisé, au sens strict du terme, par les influences chrétiennes. Rationalisme, discipline de l'esprit, goût de la perfection, horreur des extrêmes, en un mot génie tempéré des peuples d'Occident, tel est, en dépit d'apparences contraires, le modèle qu'adoptent peu à peu et plus ou moins sciemment les peuples du monde, parce qu'il est à la mesure de la nature humaine, de ses possibilités et de son idéal.

Toutefois, disions-nous, l'esprit européen, sous sa forme la plus précieuse, c'est-à-dire en tant que règle de vie et non plus en tant qu'agent d'exécution de l'intelligence, n'est pas totalement diffusible. L'Américain, par exemple, ne peut pas plus se l'assimiler tout entier que l'Européen ne peut « s'américaniser » entièrement. C'est pourquoi il est vain de se demander qui l'emportera de l'Amérique ou de l'Europe et « qui sera le maître ».

Que les civilisations matérielles européenne et américaine se pénètrent, offrant des commodités plus grandes d'un côté que de l'autre, c'est l'évidence même. Que la civilisation morale de l'Europe imprègne la pensée de plus en plus d'Américains comme la pensée de certaines catégories d'Orientaux, c'est également sûr; mais, malgré notre prosélytisme et la suggestion qu'opèrent sur ces cerveaux les qualités essentiellement humaines et par conséquent *a priori* accessibles de l'esprit européen, les nécessités physiques du milieu chez les uns, autant peut-être que l'héritage moral des siècles chez les autres, créent une sorte de déterminisme racial et rendent impossible une assimilation complète.

Malgré tout, le fait que non seulement les inventions de l'Europe sont reprises et perfectionnées au dehors, mais que les théories, les doctrines européennes sont imitées, copiées, appliquées en partie avec plus ou moins de compréhension, d'habileté et d'opportunité dans l'Ancien comme dans le Nouveau Monde, est un argument en faveur de notre thèse.

Cependant, de bons esprits s'inquiètent et se demandent, comme M. Paul Valéry toujours dans son admirable livre intitulé *Variété* : « L'Europe va-t-elle garder sa prééminence dans tous les genres? L'Europe deviendra-t-elle ce qu'elle est en réalité, c'est-à-dire

un petit cap du continent asiatique? Ou bien
l'Europe restera-t-elle ce qu'elle paraît, c'est-
à-dire la partie précieuse de l'univers terres-
tre, la perle de la sphère et le cerveau d'un
vaste corps? »

Sa prééminence dans tous les genres... Le
terme est bien vâgue. Que faut-il entendre
exactement par genres? Il importe peu, d'ailleurs, car ce que nous voyons influencer les
autres parties du monde par-dessus tout, ce
n'est ni la science, ni la littérature, ni l'art de
l'Europe, mais bien plutôt l'esprit d'où pro-
cèdent en Europe science, art et littérature,
lesquels peuvent être plus ou moins suivis,
imités, dépassés même : la suprématie intellectuelle qui entraînait le prestige d'autrefois
n'est plus en jeu. Depuis que la culture est répandue dans les masses, l'inégalité qui existait entre les différentes régions du globe au
point de vue du savoir tend à disparaître graduellement. Il ne faut ni s'en étonner ni s'en
plaindre, encore moins s'en indigner. L'Europe peut bien ici perdre sa prééminence,
mais, ce qui demeure, ce qui ne perd pas à être
imité dans la mesure où cela peut l'être, c'est
l'ensemble des qualités du fonds moral européen.

Redouter aujourd'hui l'envahissement de
l'Orient ou « l'américanisation » du globe, au
moment où l'esprit européen envahit précisé-

ment le monde entier, inspire aux Orientaux le goût de la liberté, leur dicte les mots qui renversent les obstacles et ouvrent les voies nouvelles, au moment où certaines idées européennes s'imposent avec force aux Américains, n'est-ce pas pour le moins singulier?

Sans doute, nous constatons avec d'autres une sorte de réaction contre l'Europe chez des peuples d'une autre civilisation que la nôtre; mais qu'on ne s'y trompe pas — et beaucoup s'y trompent : en réalité, cette réaction s'opère contre l'attitude et les procédés de pays européens et non pas contre les idées de l'Europe, puisque aussi bien c'est au nom de ces idées qu'elle se fait. Ce n'est donc ni la déchéance de l'esprit européen ni l'étouffement du génie de l'Occident que, pour notre part, nous redouterions, mais plutôt l'accentuation de la réaction contre le maintien de cette attitude et la continuation de ces procédés.

La politique de force, justifiable, s'il est vrai que la fin justifie les moyens, par les résultats qu'elle a donnés et le prestige incontestable qu'elle entraînait, n'est plus possible, avons-nous souvent dit, pour des raisons d'ordre matériel et moral. Elle doit faire place à présent à une politique de collaboration qui ne soit pas exclusivement matérialiste. L'Europe ne doit pas se laisser opposer des principes moraux qui viennent d'elle, mais les transmettre en même temps que ses connaissances pratiques, en en acceptant courageusement et noblement les conséquences. De cette façon toute réaction perdra sa raison d'être.

Que l'Europe se souvienne que sa civilisation est à la fois matérielle et morale, que les peuples prétendent en bénéficier à ce double point de vue et qu'ils ne se contentent pas d'en connaître la théorie, mais qu'ils veulent encore la mettre en pratique dès qu'à tort ou à raison ils s'en jugent capables. Si c'est à tort : à nous de les éclairer et de les aider. Soyons en tout cas convaincus que l'état qu'ils convoitent, ils s'efforceront dorénavant de l'acquérir avec nous et à notre honneur, ou malgré nous et à nos dépens.

Mais ne nous alarmons pas comme d'aucuns le font : l'Europe n'est pas encore indifférente au reste du monde et, d'autre part, nous ne sommes pas à la veille de voir se corrompre les fruits de notre civilisation par des apports étrangers. « L'Asie est un mets très séduisant mais qui empoisonne ceux qui le mangent », a dit Gobineau. Possible, mais mangeons-nous tant de ce mets? « Beaucoup d'Européens et d'Américains, assure quelque part Ferrero, admirent dans les livres la mystique hindoue ou la sagesse confucienne, parce que, le livre fermé, ils agissent comme s'ils les ignoraient totalement. »

L'américanisme nous paraît tout aussi superficiel. S'il modifie jusqu'à un certain point les habitudes et les conditions de vie d'un plus ou moins grand nombre d'individus, il est sans emprise véritable sur l'esprit européen et ne saurait prétendre à la direction de la pensée moderne.

« L'orgueil dément de l'Europe, a écrit M. Sylvain Lévi, surexcité par un siècle d'admirables inventions, prétend faire la loi au reste du monde. » (1) Est-ce bien exact? Y a-t-il en jeu tant de prétention? N'y a-t-il pas plutôt le simple effet sur l'homme de toutes les latitudes de ce qui est mesuré, rationnel et proportionné à sa nature?

Au lieu de la soi-disant prétention de l'Europe à s'imposer, n'est-ce pas la recherche de ses trésors les plus précieux par les habitants des autres parties du monde, qui frappe l'observateur?

Demandez aux Orientaux et aux Américains, aux riverains du Pacifique, s'il y a, s'il y eut jamais chez eux une synthèse de principes moraux, de connaissances scientifiques, d'institutions sociales et de créations esthétiques, plus harmonieuse et mieux équilibrée que celle qu'ils trouvent en Europe.

(1) *Les Appels de l'Orient*, p. 12 (Emile-Paul, édit.).

Demandez aux Chinois, qui, au nom de la liberté des peuples et de l'égalité des races, revendiquent leur souveraineté nationale, aux Japonais qui, au nom de la fraternité humaine, réclament de la place pour leur population à l'étroit; demandez aux Philippins, aux Annamites, aux Javanais, aux Dominions australasiens, si les théories, les doctrines, les principes de l'Europe leur sont indifférents.

Demandez aux Républiques du Sud-Amérique à quelles sources elles ont puisé la morale et les droits qu'elles opposent aux Etats-Unis; demandez enfin à ceux-ci d'où leur vient ce besoin d'une unité morale fondée sur la précellence de la race anglo-saxonne qui les travaille depuis la guerre mondiale.

Et, en entendant ces peuples vous répondre, vous conviendrez qu'en dépit d'influences superficielles, l'Europe demeure, d'une autre manière mais plus littéralement peut-être qu'autrefois, le cerveau du monde, le foyer central de la pensée universelle.

CHAPITRE IX

On vient de voir pour quelles raisons nous semble vaine la crainte de l'envahissement de l'Occident par l'Orient. Ce que désignent par Orient ceux qui ont cette crainte est surtout l'Extrême-Orient, la lointaine Asie, et non point ses apports artistiques, mais son fonds et son tréfonds philosophiques ou religieux. S'effrayer des apports de l'Asie, c'est redouter ses influences spirituelles qui ont toujours plus impressionné le monde que ses manifestations artistiques.

Mais, en vérité, le zèle religieux des pays d'Occident est tellement refroidi qu'on ne le voit pas bien s'enflammer encore au contact d'une révélation venue d'Asie. Nous avons vu ce qu'il fallait généralement penser de l'admiration qu'ont certaines personnes pour la mystique hindoue ou la sagesse de Confucius. « Je préfère l'Orient à l'Occident, déclare Keyserling, parce que je préfère la perfection

dans toutes ses formes au résultat pratique. »
Soit! D'autres que lui dans son pays surtout,
et particulièrement de nos jours, peuvent avoir
cette préférence; l'Allemand, toujours hési-
tant entre la mystique asiatique et la latinité,
retrouve, dans les philosophies passives de
l'Extrême-Orient, un fatalisme propre à pan-
ser la blessure faite il y a dix ans à son orgueil
national. Mais le cas est bien particulier; en
général, l'idéal de la perfection le cède, en
notre temps, à celui du progrès.

Toutefois, parallèlement aux apports superficiels des religions et des philosophies de
l'Asie, celle-ci nous gratifie de théories qui ne
sont pas du domaine exclusif de la spéculation et qui tendent à s'incarner dans les faits.
En réalité, ces théories, qui traduisent des aspirations nationales à la liberté, qui touchent
à l'ordre social, sont loin d'être nouvelles pour
nous. Elles viennent de notre propre fonds et,
par conséquent, ne sauraient en soi nous effrayer, encore moins nous indigner et nous
surprendre. Quelquefois, malheureusement,
le canal par lequel elles nous reviennent les
transforme au passage de telle manière qu'elles peuvent être un péril pour l'Occident.
Quand l'Asie adopte la manière bolchevique
pour s'affranchir et nous atteindre, le danger
n'est pas niable.

Le Russe, qui, de son propre aveu, n'est ni

de l'Orient ni de l'Occident, se retourne volontiers et sans peine vers l'Asie depuis ses tragiques aventures européennes. Il prêche l'émancipation à des sociétés désaxées par l'ébranlement de la guerre mondiale et qui mêlent aux idées qu'elles tiennent de l'Occident son dogme d'une refonte nécessaire du monde, après la destruction de tout ce qui est.

On a parlé de mystique bolchevique. Le terme n'est pas hasardé. Les convictions mystiques apparaissent aux croyants sous forme de vérités absolues; elles sont crues par suggestion ou contagion mentale, grâce à quoi le mysticisme devient collectif, et, de tous les mobiles qui poussent les hommes à agir, ceux d'origine mystique furent toujours les plus forts. La foi bolchevique engendre l'âge d'or dans les imaginations. Or, le Russe lui a donné spécialement comme objet spirituel, aux yeux des jaunes, l'unité de l'Asie contre les blancs.

Après que les Soviets eurent créé en Asie centrale les républiques de Khiva, de Boukhara, du Turkestan, la Chine leur parut être le pays le mieux préparé à suivre les préceptes du nouvel évangile, à cause de l'état chaotique dans lequel elle se trouve politiquement; mais ils s'aperçurent assez rapidement que la pure doctrine de Moscou avait peu de prise sur les masses chinoises dont elle heurte les coutumes, le culte de la famille, l'amour de l'argent et de la propriété, et que l'amour-propre aussi empêche de céder à toute doctrine imposée du dehors.

C'est donc sous la forme antiétrangère seulement que le bolchevisme pourrait remporter quelque succès en Chine; aussi a-t-il voulu matérialiser en quelque sorte l'idée de « l'Asie aux Asiatiques » ou l'unité de l'Asie, en s'appliquant, dit éloquemment M. Henri Moysset, à « féconder le nationalisme infus dans ces sociétés asiatiques assujetties, pour la plupart, à des dominations ou à des entraves étrangères, longtemps immunisées contre tout germe du dehors, mais qui, parvenues à un point fixe de décadence, sont dans cet état d'attente, de prophétisme, de messianisme, de millénarisme, caractéristique des poussées démographiques et que la commotion universelle de la guerre a exalté. » (1)

Malgré tout, « y a-t-il un mouvement bolchevique considérable en Chine? » se demandait le représentant des Soviets à Pékin, M. Karakhan, au milieu de l'année 1925. « Non. Nous avons, poursuivait-il mélancoliquement, de l'influence dans les Universités et dans la Y.M.C.A. Nous en sommes fiers et nous n'essayons pas de le cacher, mais le mouve-

____

(1) *Le Monde slave*, novembre 1924.

ment communiste en Chine est très limité; nous avons ici une situation que je peux définir : engagement d'arrière-garde dans la lutte des ouvriers; ce n'est pas un engagement d'avant-garde. » Deux ans plus tard, l'échec retentissant de la propagande bolchevique en Chine était un fait accompli.

En somme, les Chinois voyaient, dans les Russes, les seuls hommes prêts à les aider à s'affranchir de la tutelle étrangère, d'où leur bolchevisme utilitaire qui se résorba vite dans un nationalisme proprement chinois.

Au Japon comme en Chine, la propagande et la diplomatie russes se sont entr'aidées; comme en Chine, les Soviets comptèrent sur la jeunesse universitaire pour introduire leur doctrine. Mais l'habitude de sélectionner, de « japoniser » tout ce qui est étranger, garde les Japonais d'une acceptation sans contrôle de théories nouvelles; ils en rejettent d'instinct ce qui ne saurait leur convenir. Et puis il faut compter avec le loyalisme de la population japonaise à l'égard du régime.

Sans doute, il y eut au Japon des complots et des attentats bolcheviques dirigés contre l'empereur ou des membres de sa famille, et qui avaient pour but le renversement du régime impérial. Mais ce sont là les méfaits de quelques individus.

Cependant, pour des raisons économiques et vu son besoin grandissant de matières premières et de marchés réservés, le Japon veut entretenir de bons rapports avec l'Union soviétique. Aucun Japonais n'admettrait l'éventualité d'une rupture avec Moscou. Depuis le traité nippo-soviétique du 20 janvier 1925, plusieurs concessions ont été accordées au Japon par la Russie, le commerce entre les deux pays a augmenté et l'on prévoit de nouvelles concessions. Ainsi le sort a voulu que les Japonais fussent tenus à certains ménagements à l'égard de ceux qui seraient les premiers à saper chez eux l'idée impériale. Mais, en réalité, l'inconvénient n'est pas très grand. Les Japonais disposent des moyens de se garer des propagandistes sans se mettre à dos les Soviets. La Mandchourie, qui semble au premier abord devoir créer entre eux des difficultés, principalement en matière de politique ferroviaire, est peut-être au contraire, vu ses dimensions et le trafic qu'elle peut assurer aux lignes sino-russes comme aux lignes japonaises, un terrain de compromis.

En bref, si les Japonais comme les Chinois doivent se défendre contre la propagande bolchevique, celle-ci est encore loin d'avoir mis en danger le régime impérial au Japon. Pour les Japonais, sauf exception, l'ordre nouveau qu'il s'agit de faire régner dans l'intérêt de la patrie n'oblige nullement à toucher au principe de l'autorité du souverain. Tant qu'ils penseront ainsi, le régime impérial restera de toute évidence le régime politique du Japon.

*
* *

La propagande bolchevique ne s'en est pas tenue à l'Asie centrale, à la Chine et au Japon, elle s'est attaquée au pays d'Extrême-Orient qui sont placés sous la tutelle de certaines puissances. Du reste, la population de ces pays qui est considérable (Hollande, 49 millions, France, 21, Grande-Bretagne, 13, Etats-Unis, 11), montre un goût de plus en plus marqué pour l'indépendance; le terrain peut donc paraître propice à la propagande de Moscou. Des mouvements relativement récents se sont produits aux Indes néerlandaises qui le prouvent amplement.

Nous ne laisserons pas passer l'occasion de mettre en garde contre certaines illusions et les personnes trop confiantes et celles qui ne voudraient pas voir l'évolution qui s'accomplit parmi les peuples colonisés, et en tiendraient pour la vieille politique. Semblable attitude nous paraît imprudente, justement parce qu'elle peut être trop facilement exploitée par le bolchevisme. Le meilleur moyen de combattre ce dernier — et les Puissances l'ont généralement compris — est sans nul doute de tenir compte, dans des limites raisonnables, des desiderata des indigènes; autrement dit, c'est uniquement d'une politique de collaboration avec ceux-ci que les Etats protecteurs peuvent attendre dorénavant la paix et la sécurité.

Pour nous résumer : le bolchevisme, dans la mesure où il l'a pu, s'est installé en parasite sur les populations d'Asie. Il n'est pas une des conséquences des remous qu'ont produits ces populations en rencontrant celles d'Europe et d'Amérique. De formation artificielle il se greffe sur certains des éléments nouveaux vraiment nés de cette rencontre, mais il est loin d'avoir contaminé la masse asiatique.

Son principal moyen d'action est en somme l'argent qu'il sait dépenser largement. Mais l'argent n'afflue pas régulièrement à la caisse des Soviets, de sorte qu'après une période de succès, l'on voit le bolchevisme perdre d'un coup la presque totalité du terrain qu'il a conquis. Que reviennent pour lui des jours meilleurs et rien ne dit qu'il ne reprendra pas sa campagne forcément interrompue.

Pourtant, qu'on veuille bien remarquer que si peu que puisse évoluer sa doctrine, la propagande en deviendra moins nocive et probablement moins acharnée; si bien que les populations sur lesquelles elle s'exerce sont appelées à la subir de moins en moins et avec de moins en moins d'inconvénient.

En tout cas, ce qu'il faut constater dès à présent, c'est le piètre résultat obtenu par Moscou en Extrême-Orient, comparativement aux efforts qu'il y a déployés et aux sacrifices qu'il y a consentis. Ce n'est donc pas se montrer trop optimiste que de penser que l'avenir ne lui sera pas plus favorable.

CHAPITRE X

Si nous essayons, pour finir, de concentrer notre pensée sur le phénomène psychologique et physique de la rencontre des jaunes et des blancs, indépendamment des peuples qui le provoquent et des circonstances historiques qui en ont marqué les étapes, nous sommes d'abord frappé par l'opposition des deux races.

Blancs et jaunes sont à deux pôles. Les premiers ont la civilisation matérielle la plus avancée du globe; les seconds, la plus attardée. Les premiers sont d'un individualisme effréné; les seconds ont l'esprit de communauté. Il n'y a pas encore si longtemps, les deux races dans leur manière de vivre se tenaient pour ainsi dire dos à dos. Elles commencent seulement à se faire face. La culture la plus traditionnaliste du monde se rencontre avec les plus modernes applications de la science. Des populations, aidées de leur simple énergie et d'outils rudimentaires, prennent contact avec d'autres chez qui la force et les inventions mécaniques, sans cesse développées, s'ajoutent tous les jours davantage aux faibles moyens dont dispose la personne humaine. La machine pénètre chez les premières et, par l'usage quotidien qu'elles en font, des changements se produisent dans leur vie.

Mais cette pénétration n'est pas égale chez tous les jaunes. Les uns vont au devant du génie moderne, d'autres attendent passivement qu'il se manifeste.

Les seuls effets, les seuls remous pour ainsi dire, causés par la rencontre des races, et auxquels nous nous arrêterons sont ceux d'ordre moral et social; les effets d'ordre purement matériel n'entrent pas dans le cadre de cette étude.

Le premier effet que nous constaterons est le déplacement et la nouvelle distribution de la population au fur et à mesure que la science des blancs s'applique chez les jaunes aux moyens de transport, chemins de fer et lignes maritimes.

Malgré notre intention de traiter le présent chapitre indépendamment des différences qui existent entre les peuples jaunes, nous devons nécessairement distinguer ici entre Chinois et

Japonais. Il nous faut reconnaître que le régime de la population n'est, dans aucun cas, le même en Chine et au Japon, ou bien que, s'il se développe de la même façon dans les deux pays, c'est sur des échelles tellement différentes que toute sa valeur démonstrative est du côté chinois.

Grâce au développement de son port et du chemin de fer qui la relie à Canton, Hong-Kong, autrefois une île inhabitée, a aujourd'hui plus de 625.000 habitants, dont 95 o/o sont Chinois. Pour les mêmes raisons, Shanghaï est devenue une ville d'un million et demi d'habitants. Tientsin, Hankeou, Dairen, grâce aux voies ferrées surtout, présentent aussi un accroissement de population considérable depuis un quart de siècle, et, dans la vaste Mandchourie qui fut la dernière à tomber sous l'influence du chemin de fer, la population est passée de 12 à 25 millions au cours des vingt dernières années. Il est donc à prévoir qu'à mesure que les moyens de communications se multiplieront et qu'une nouvelle échelle des distances existera en Chine, la population sera autrement distribuée qu'à présent. De nouvelles agglomérations se formeront, d'anciennes disparaîtront.

Le même régime, que l'on pourrait certainement constater en Asie centrale, s'y accentuera comme en Chine avec la construction de nouvelles voies.

Un autre phénomène social, plus profond que celui qui vient d'être signalé et produit également par le contact des races jaune et blanche, est la formation des classes chez les jaunes. Les nombreuses grèves ouvrières qui furent déclarées dans les centres asiatiques de pénétration étrangère ne le prouvent que trop — grèves ouvrières ou qualifiées telles, car, en somme, les meneurs suggèrent souvent d'autres griefs que ceux des grèves ouvrières d'Occident, et, de ce fait, d'autres éléments que l'élément purement ouvrier y prennent part.

Quoi qu'il en soit, dans des pays où l'esprit de communauté a régné de tout temps, voir se former des syndicats patronaux et ouvriers chargés de défendre des intérêts corporatifs relativement restreints, est la preuve que l'introduction de l'industrie y a modifié cet esprit en l'atténuant. L'Asiatique, membre agissant d'un syndicat, offre un type d'homme jusqu'ici inconnu, qu'il soit patron ou ouvrier, et ce n'est pas un des moindres effets de la rencontre des races, car il en entraîne fatalement d'autres dans la vie sociale.

La cellule familiale, dernier échelon en même temps que fondement de toute société communautaire comme est la société asiatique, se trouve atteinte; elle perd au moins sa place à la base de l'édifice social et, partant, risque d'en compromettre la solidité. L'esprit individualiste qui remplace à présent chez certains jaunes l'esprit de communauté, est un exemple dangereux pour la masse, qui peut y perdre ses qualités et ses vertus, sans être encore en état de leur substituer celles des blancs, et se voir par là troublée et désemparée pour longtemps. L'ordre établi est ainsi menacé à son tour et un chaos social sans précédent risque de régner là où des traditions plusieurs fois millénaires semblaient avoir à jamais cristallisé les institutions et les mœurs.

Enfin la pénétration des idées de l'Occident en Asie a pour effet de pousser les jaunes à se débarrasser du contrôle des blancs, mais non pas, certes, de leur savoir et de leur technique. Les dirigeants asiatiques adoptent au contraire de plus en plus une politique de modernisation aussi rapide que possible dans le sens de la civilisation matérielle des blancs; des centres d'instruction disséminés parmi les populations jaunes sont comme des laboratoires où s'élabore, en même temps que de nouvelles manières de vivre, un esprit nouveau.

D'autre part, on sait dans quelle mesure,

selon nous, la pensée des jaunes peut influencer celle des blancs.

En somme, si l'on a pu trouver une pointe de pessimisme au cours des pages qu'on vient de lire, ce n'est pas de la rencontre même des jaunes et des blancs, autrement dit de leur contact intellectuel qu'elle découle. Le trouble moral et matériel que cette rencontre peut créer et qu'elle crée en fait chez les jaunes n'est que le résultat d'une évolution précipitée ou, si l'on veut, l'aspect d'une crise de civilisation; mais l'aboutissement n'en est pas douteux, c'est l'accession de peuples attardés à ce qu'il est convenu d'appeler le progrès.

Ce qui nous inquiète bien davantage, ce sont les problèmes politiques qui se greffent sur le déséquilibre des deux races; problèmes qui proviennent d'une concurrence d'autant plus âpre entre certaines puissances que leurs appétits sont aiguisés par le désordre qui règne en d'immenses et riches contrées de race jaune; problèmes qui nous semblent se poser avec de plus en plus de précision et dont la solution pacifique ne nous paraît pas évidente, en dépit des garanties que peut offrir au monde l'institution officielle de la Paix.

La question est de savoir si les appétits, les ambitions laisseront aux idées le temps de se transmettre et de se fondre dans le calme, ou

si, au contraire, les rapprochements ethniques
qui s'indiquent çà et là, le désir de plus de
cohésion montré par certains, la sorte d'effa-
cement d'un principe étroit de politique au
profit d'un autre à la fois plus large et plus
intime, sont déjà les gestes inconscients du
Destin...

TABLE DES MATIÈRES

ACHEVÉ D'IMPRIMER SUR
LES PRESSES DE E. RAM-
LOT ET Cie, 52, AVENUE DU
: MAINE, 52 — PARIS-14e. :